本书出版获得中国社会科学院大学中央高校基本科研业务费资助支持

中国社会科学院大学文库

数字经济与乡村振兴

刘艳红　郭朝先　等　著

社会科学文献出版社

SOCIAL SCIENCES ACADEMIC PRESS (CHINA)

"中国社会科学院大学文库"
总　序

　　恩格斯说："一个民族要想站在科学的最高峰，就一刻也不能没有理论思维。"人类社会每一次重大跃进，人类文明每一次重大发展，都离不开哲学社会科学的知识变革和思想先导。中国特色社会主义进入新时代，党中央提出"加快构建中国特色哲学社会科学学科体系、学术体系、话语体系"的重大论断与战略任务。可以说，新时代对哲学社会科学知识和优秀人才的需要比以往任何时候都更为迫切，建设中国特色社会主义一流文科大学的愿望也比以往任何时候都更为强烈。身处这样一个伟大时代，因应这样一种战略机遇，2017年5月，中国社会科学院大学以中国社会科学院研究生院为基础正式创建。学校依托中国社会科学院建设发展，基础雄厚、实力斐然。中国社会科学院是党中央直接领导、国务院直属的中国哲学社会科学研究的最高学术机构和综合研究中心，新时期党中央对其定位是马克思主义的坚强阵地、党中央国务院重要的思想库和智囊团、中国哲学社会科学研究的最高殿堂。使命召唤担当，方向引领未来。建校以来，中国社会科学院大学聚焦"为党育人、为国育才"这一党之大计、国之大计，坚持党对高校的全面领导，坚持社会主义办学方向，坚持扎根中国大地办大学，依托社科院强大的学科优势和学术队伍优势，以大院制改革为抓手，实施研究所全面支持大学建设发展的融合战略，优进优出、一池活水，优势互补、使命共担，形成中国社会科学院办学优势与特色。学校始终把立德树人作为立身之本，把思想政治工作摆在突出位置，坚持科教融合、强化内涵发展，在人才培养、科学研究、社会服务、文化传承创新、国际交流合作等方面不断开拓创新，为争创"双一流"大学打下坚实基础，积淀了先进的发展经验，呈现出蓬勃的发展态势，成就了今天享誉国内的"社科大"品牌。"中国社会科学院大学文库"就是学校倾力打造的学术品牌，如果将学校之前的学术研究、学术出版比作一道道清澈的溪流，"中国社会科学院大学文库"的推出可谓厚积薄发、百川归海，恰逢其时、意义深远。为其作序，我深感荣幸和骄傲。

高校处于科技第一生产力、人才第一资源、创新第一动力的结合点，是新时代繁荣发展哲学社会科学，建设中国特色哲学社会科学创新体系的重要组成部分。我校建校基础中国社会科学院研究生院是我国第一所人文社会科学研究生院，是我国最高层次的哲学社会科学人才培养基地。周扬、温济泽、胡绳、江流、浦山、方克立、李铁映等一大批曾经在研究生院任职任教的名家大师，坚持运用马克思主义开展哲学社会科学的教学与研究，产出了一大批对文化积累和学科建设具有重大意义、在国内外产生重大影响、能够代表国家水准的重大研究成果，培养了一大批政治可靠、作风过硬、理论深厚、学术精湛的哲学社会科学高端人才，为我国哲学社会科学发展进行了开拓性努力。秉承这一传统，依托中国社会科学院哲学社会科学人才资源丰富、学科门类齐全、基础研究优势明显、国际学术交流活跃的优势，我校把积极推进哲学社会科学基础理论研究和创新，努力建设既体现时代精神又具有鲜明中国特色的哲学社会科学学科体系、学术体系、话语体系作为矢志不渝的追求和义不容辞的责任。以"双一流"和"新文科"建设为抓手，启动实施重大学术创新平台支持计划、创新研究项目支持计划、教育管理科学研究支持计划、科研奖励支持计划等一系列教学科研战略支持计划,全力抓好"大平台、大团队、大项目、大成果"等"四大"建设,坚持正确的政治方向、学术导向和价值取向,把政治要求、意识形态纪律作为首要标准,贯穿选题设计、科研立项、项目研究、成果运用全过程,以高度的文化自觉和坚定的文化自信,围绕重大理论和实践问题展开深入研究,不断推进知识创新、理论创新、方法创新,不断推出有思想含量、理论分量和话语质量的学术、教材和思政研究成果。"中国社会科学院大学文库"正是对这种历史底蕴和学术精神的传承与发展,更是新时代我校"双一流"建设、科学研究、教育教学改革和思政工作创新发展的集中展示与推介,是学校打造学术精品、彰显中国气派的生动实践。

"中国社会科学院大学文库"按照成果性质分为"学术研究系列""教材系列""思政研究系列"三大系列,并在此分类下根据学科建设和人才培养的需求建立相应的引导主题。"学术研究系列"旨在以理论研究创新为基础,在学术命题、学术思想、学术观点、学术话语上聚焦聚力,推出集大成的引领性、时代性和原创性的高层次成果。"教材系列"旨在服务国家教材建设重大战略,推出适应中国特色社会主义发展要求、立足学术和教学前沿、体现社科院和社科大优势与特色、辐射本硕博各个层次、涵盖纸质和数字化等多种载体的系列课程教材。"思政研究系列"旨在聚焦重大理论问题、工作探索、实践经验等领域,推出一批思想政治教育领域具有影响力的理论和实践研究成果。文库将借助与社会科学文献出版社的战略合作,加大高层次成果的产出与传播。既突出学术研究的理论性、学术性和创新性,推出新时代哲学社会科学研究、教材编写和思政研究的最新理论成果;又注重引导围绕国家重大战略需求开展前瞻性、针对性、储备性政策研究,推出既通"天线"又接"地气",能有效发挥思想库、智囊团作用的智库研究成果。文库坚持"方向性、开放式、高水平"的建设理念,以马克思主义为领航,严把学术出版的政治方向关、价值取向关、学术安全关和学术质量关。入选文库的作者,既有德高望重的学部委员、著名学者，又有成果丰硕、担当中坚的学术带头人，更有崭露头角的"青椒"新秀；既以我校专职教师为主体，也包括受聘学校特聘教授、岗位教师的社科院研究人员。我们力争通过文库的分批、分类持续推出，打通全方位、全领域、全要素的高水平哲学社会科学创新成果的转化与输出渠道，集中展示、持续推广、广泛传播学校科学研究、教材建设和思政工作创新发展的最新成果与精品力作，力争高原之上起高峰，以高水平的科研成果支撑高质量人才培养，服务新时代中国特色哲学社会科学"三大体系"建设。

历史表明，社会大变革的时代，一定是哲学社会科学大发展的时代。当代中国正经历着我国历史上最为广泛而深刻的社会变革，也正在进行着人类历史上最为宏大而独特的实践创新。这种前无古人的伟大实践，必将给理论创造、学术繁荣提供强大动力和广阔空间。我们深知，科学研究是永无止境的事业，学科建设与发展、理论探索和创新、人才培养及教育绝非朝夕之事，需要在接续奋斗中担当新作为、创造新辉煌。未来已来，将至已至。我校将以"中国社会科学院大学文库"建设为契机，充分发挥中国特色社会主义教育的育人优势，实施以育人育才为中心的哲学社会科学教学与研究整体发展战略，传承中国社会科学院深厚的哲学社会科学研究底蕴和 40 多年的研究生高端人才培养经验，秉承"笃学慎思明辨尚行"的校训精神，积极推动社科大教育与社科院科研深度融合，坚持以马克思主义为指导，坚持把论文写在大地上，坚持不忘本来、吸收外来、面向未来，深入研究和回答新时代面临的重大理论问题、重大现实问题和重大实践问题，立志做大学问、做真学问，以清醒的理论自觉、坚定的学术自信、科学的思维方法，积极为党和人民述学立论、育人育才，致力于产出高显示度、集大成的引领性和标志性原创成果，倾心于培养又红又专、德才兼备、全面发展的哲学社会科学高精尖人才，自觉担负起历史赋予的光荣使命，为推进新时代哲学社会科学教学与研究，创新中国特色、中国风骨、中国气派的哲学社会科学学科体系、学术体系、话语体系贡献社科大的一份力量。

（张政文　中国社会科学院大学党委常务副书记、校长、中国社会科学院研究生院副院长、教授、博士生导师）

序　言

党的十九大提出实施乡村振兴战略，这是党中央从党和国家事业全局出发、着眼于实现"两个一百年"奋斗目标、顺应亿万农民对美好生活向往做出的重大决策。党的二十大对"全面推进乡村振兴"作出新的决策部署，2024 年中央一号文件明确"把推进乡村全面振兴作为新时代新征程'三农'工作的总抓手""以加快农业农村现代化更好推进中国式现代化建设"。推进乡村全面振兴，对于巩固拓展脱贫攻坚成果、扎实推进共同富裕，加快建设农业强国、以中国式现代化实现民族复兴、创造人类文明新形态均有十分重要的战略意义。如何充分发挥数字经济促进"公平与效率更加统一"的潜力、高质量推进乡村全面振兴，加快农业农村现代化，是数字化时代人类社会发展面临的共同课题，以"数字经济与乡村振兴"主题开展研究具有实践、时代及国际意义。

2018 年的中央一号文件首次提出"实施数字乡村战略"，并把数字乡村作为乡村振兴的战略方向，把农业农村的信息化建设和数字化转型上升到了国家战略高度。数字乡村战略涵盖了农村信息基础设施的建设、生产生活条件改善以及生态保护、文化振兴、乡村治理和公共服务等领域。中国运用数字经济在农村信息基础设施建设、综合信息服务、农村电商发展以及乡村治理和公共服务等方面取得了历史性成就，这就为本研究和本书著写提供了丰富的现实素材和实践基础。

《数字经济与乡村振兴》一书，立足于数字经济有助于促进包容性发展的潜力，从理论上阐释了数字经济对于乡村振兴的复杂影响，分别从农业、农民和农村三个维度探讨了数字经济的作用机制和影响路径，回答了数字经济为何及如何能促进农业振兴、农民富裕和农村发展等重要问题，并通过较为翔实的经验研究和实证分析验证和支撑了其理论判断，为从总体上理解数字经济影响农业农村发展的动力机制及影响路径提供了一个系统性的分析框架。

尽管近年来，关于数字经济、乡村振兴以及两者之间的关系问题的相关研究已经呈现了较为丰富的成果，但是，本书的研究及其成果呈现，仍展示了令人印象深刻的创新探索，突出体现在以下三个方面。

第一，拓宽了乡村振兴研究的理论视野。作者把乡村振兴这样一个涵盖农村经济、政治、文化、社会、生态建设和发展的系统工程和一个跨学科的研究领域置于发展经济学的理论视野之下，提出乡村振兴战略所要着力解决的发展中国家的农业农村现代化问题和经济社会结构失衡问题都是发展经济学所长期关注的问题，并从包容性增长和可持续发展两个维度论证了乡村振兴战略与两者在目标任务、路径方法上的高度一致性和契合性，不仅有助于从经济学角度深化对乡村振兴的理论研究，也有助于通过对中国式农业农村现代化道路的研究赋予发展经济学新的生机与活力。

第二，展示了数字经济与乡村振兴研究的辩证思维和科学方法。作者在研究中特别关注数字经济对于包容性增长和乡村振兴的"双刃剑"效应及其影响效应的结构性差异。比如在第四章探讨数字经济与农民增收问题时指出，数字经济有助于提高农村生产经营效率、增加农民就业创业机会、提升农村资源要素增值空间、加大政府与社会涉农转移支付力度，进而对拓宽农民增收渠道、增加收入来源产生积极作用。同时，由于技术进步的资本和技能偏向性，数字经济发展会使包括农民在内的弱势群体面临更大的就业机会被替代或创业机会被挤出的风险，由此必将给农民增收带来不容忽视的消极影响。作者的实证研究发现，现阶段数字经济总体上能促进农民增收，且对低收入农民群体的增收效应要高于高收入群体，对农民的增收效应也高于城市居民，呈现出较强的包容性特征。但是，研究发现，从长期看，数字经济对城乡收入差距的影响呈现正"U"形态势，即数字经济发展将使城乡收入差距呈现先缩小、后增大的变化趋势。可见，本书辩证的研究结论无疑将为更充分认识数字经济的劳动挤出、就业替代等效应及其对推进乡村全面振兴、扎实推动共同富裕带来的挑战提供实证支撑，对于加强政策应对、优化政策实践、构建更具普惠性和包容性的数字经济治理体系也提供一定的科学依据和决策参考。

第三，推动了基于实践基础上的理论创新。本书对于农业农村信息化建设、数字化转型的中外实践和经验进行了比较研究，尝试从中提炼、总结农业农村数字化发展的一般性规律、国际经验和中国方案，这些探索不仅有助于增强国际社会在乡村振兴、数字乡村和智慧农业等领域的对话交流，也有助于推动农业农村现代化探索的中国经验的理论化和一般化，为基于乡村振兴领域的数字经济与包容性发展的理论创新贡献中国智慧。

两年多前，我曾应邀参加刘艳红博士主持的北京市社科基金重点项目"数字经济促进乡村振兴的理论阐释与经验研究"的开题论证会，就项目研究思路、内容和方法提出了一些改进和完善意见。尽管由于疫情冲击，项目原定的调研计划受到了一些影响，但我很欣慰地得知，课题组仍然完成了在湖南、广西等地的村庄调研，调研中获取的一手资料和数据也充实到了本书的经验研究部分。这些对我国中西部地区数字乡村建设的近距离观察，无疑提升了这部学术著作的可读性和实践参考价值。

　　强化科技和改革双轮驱动，已然成为加快建设农业强国的重要举措。让数字经济发展更好地服务于实施乡村振兴战略、促进全体人民共同富裕，已成为社会主义现代化强国建设新征程上新的时代课题。刘艳红博士及其研究团队历经两年半时间完成的这部著作，在回答上述"时代之问"方面做出了有益探索，期待并相信他们一定会继续站在时代的前沿、更加踔力奋发，在以中国式现代化推进中华民族伟大复兴的历史进程中奉献更多的研究成果。

黄承伟

中国乡村振兴发展中心主任、研究员

农业农村部乡村振兴专家委员会委员

2024 年 5 月 18 日

目　录

第一章
绪　论

第一节　研究背景及意义

一　乡村振兴战略是中国探索农业农村现代化有效路径的伟大实践

实施乡村振兴战略是党的十九大作出的重大决策部署，也是党和国家在"两个一百年"奋斗目标的历史交汇期，在消除绝对贫困、全面建成小康社会基础上，为全面实现农业农村现代化的奋斗目标作出的战略安排，在新中国"三农"发展进程中具有划时代的意义，是指导未来30年"三农"工作的总纲领。

乡村振兴战略以农业的全面升级、农村的全面进步和农民的全面发展，最终实现农业农村现代化为目标，在着力完成脱贫攻坚任务的基础上，明确了五个方面的重点任务，即以产业兴旺为重点，提升农业发展质量，培育乡村发展新动能；以生态宜居为关键，推进乡村绿色发展，打造人与自然和谐共生发展新格局；以乡风文明为保障，繁荣兴盛农村文化，焕发乡风文明新气象；以治理有效为基础，加强农村基层基础工作，构建乡村治理新体系；以生活富裕为根本，提高农村民生保障水平，塑造美丽乡村新风貌。同时，有别于西方国家的农业农村发展道路，中国特色的社会主义乡村振兴道路，作为中国式现代化道路的重要组成部分，要在实施进程中致力于重塑城乡关系，走城乡融合发展之路；巩固和完善农村的基本经营制度，走共同富裕之路；深化农业供给侧结构性改革，走质量兴农之路；坚持人与自然和谐共生，走乡村绿色发展之路；传承发展提升农耕文明，走乡村文化兴盛之路；创新乡村治理体系，走乡村善治之路。

作为世界上最大的社会主义发展中大国和第二大农业和农村人口大国，乡村振兴战略不仅是中国探索具有本国特色的农业农村现代化发展有效路径的伟大实践，关乎中国 5 亿农村人口的福祉；同时也是全球包容性增长和可持续发展实践的重要组成部分，对于推进和实现联合国 2030 年可持续发展议程目标具有毋庸置疑的重大意义。

二　数字经济给农业农村发展带来机遇和挑战

数字经济是继农业经济、工业经济之后的一种新的经济形态，是以数据资源为关键要素，以现代信息网络为主要载体，以信息通信技术融合应用、全要素数字化转型为重要推动力，促进公平与效率更加统一的新经济形态。进入 21 世纪以来，数字经济呈现加速发展态势，引发了生产、生活和经济社会治理方式的深刻变革，已经成为重组全球要素资源、重塑全球经济结构、改变全球竞争格局的关键力量。自党的十八大以来，国家高度重视数字经济发展，先后提出了网络强国战略、国家大数据战略，出台了《网络强国战略实施纲要》《数字经济发展战略纲要》等重要文件，从国家层面作出了战略部署，有力推动了我国数字经济的发展壮大，不仅建成了全球领先的信息基础设施，数字经济规模也连续多年位居世界第二。中国信息通信研究院（以下简称"中国信通院"）的研究表明，从 2012 年到 2022 年，中国数字经济规模从 11 万亿元增长到超 50 万亿元，数字经济增加值占

GDP 比重已由 21.6% 提升至 41.5%。① 显而易见，数字经济的发展已经成为我国经济社会持续健康发展的重要动力。

　　数字经济的发展壮大，特别是数据要素作为新型生产要素的产业变革作用，以及数字技术具有的高创新性、强渗透性和广覆盖性，不仅为经济增长提供了新的动力，为改造提升传统产业、推动产业结构和经济体系的现代化创造了条件，同时也为促进经济包容性增长、缩小城乡区域差距、加快实现农业农村现代化提供了十分重要的机遇。其突出表现为，一方面，农业的数字化和智能化转型将很大程度上缓解工业化时代农业生产所面临的双重矛盾，即粮食需求上升和耕地资源减少之间的矛盾，以及使用化肥促进粮食增产和环境破坏之间的矛盾，为确保国家粮食安全、实现农业可持续发展提供了新的解决方案。② 另一方面，信息技术带来的联通效应和赋能效应将极大缓解地理隔阂给农村和偏远地区发展所造成的资金、技术和人才约束，为改善农村产业发展条件、拓展农民增收致富渠道、缩小公共服务的城乡差距创造了有利条件。

　　同时也要看到，数字技术对传统劳动的替代、数字经济对传统产业的"挤出"，以及数字基础设施和数字技能与素养等方面的城乡区域差距所造成的"数字鸿沟"等问题，对经济包容性增长和城乡区域协同发展也构成了不容忽视的威胁和挑战。有研究发现，自 2016年以来中国已经超越日本成为全球工业机器人存量最大的国家，工业机器人渗透度每增加 1%，企业的劳动力需求就下降 0.18%。尽管工业机器人的应用会增加对高技能水平劳动力的就业需求以及企业生产规模，但仍然难以平衡对低技能水平生产人员的挤出效应，进而导致

---

① 中国信息通信研究院：《中国数字经济发展研究报告（2023 年）》 ［R/OL］.［2023－4］. http://www.caict.ac.cn/kxyj/qwfb/bps/202304/P020240326636461423455.pdf。

② Huang. Jikun. "China's Rural Transformation and Policies：Past Experience and Future Directions" ［J］. *Engineering* 18（2022）：21-26.

整体上企业就业人数的减少。① 美国经济学家针对美国 1990~2007 年劳动力市场的实证研究也发现，在每千名工人中增加 1 个机器人使美国的人口就业率下降 0.18~0.34 个百分点，工资水平降低 0.25%~0.5%。②

联合国国际电信联盟的调查发现，截至 2022 年底，全球仍有 34% 的人口，即 27 亿人从未使用过互联网，其中的绝大多数生活在欠发达国家和农村地区。全球农村地区的互联网普及率仅为 46% （非洲地区更是低至 23%），与城市地区还有 36 个百分点的差距。③ 2013~2022 年，中国农村互联网普及率从 28.1% 提升至 61.9%，在十年内提高了近 34 个百分点，已明显高于全球平均水平，但城乡之间在互联网普及率上仍有超过 21 个百分点的差距。④ 从不同产业的数字化转型水平来看，2021 年全球 47 个主要国家的数字经济对第一产业的平均渗透率仅为 8.6%，明显低于二、三产业（分别为 24.3% 和 45.3%）。⑤ "十三五"时期，中国数字经济的一产渗透率从 6.2% 提升至 8.9%，虽略高于全球平均水平，但同样明显低于二、三产业的水平（分别为 21% 和 40.7%）。⑥ 另有研究发现，城市的数字化和智能化建设进程将进一步扩大城乡之间在产业、治理和公共服务等方

---

① 王永钦、董雯：《机器人的兴起如何影响中国劳动力市场？——来自制造业上市公司的证据》，《经济研究》2020 年第 10 期，第 159~175 页。

② Acemoglu D., Restrepo P.. "The Race between Man and Machine: Implications of Technology for Growth, Factor Shares, and Employment" [J]. *American Economic Review*, 2018, 108 (6): 1488-1542.

③ ITU. Measuring Digital Development: Facts and Figures 2022, https://www.itu.int/itu-d/reports/statistics/facts-figures-2022/.

④ 中国互联网络信息中心：第 51 次《中国互联网络发展状况统计报告》[R/OL]. [2023-3]. https://www.cnnic.net.cn/n4/2023/0303/c88-10757.html。

⑤ 中国信息通信研究院：《全球数字经济白皮书（2022 年）》[R/OL]. [2022-12]. http://www.caict.ac.cn/kxyj/qwfb/bps/202212/P020221207394280216 71.pdf。

⑥ 中国信息通信研究院：《中国数字经济发展白皮书》[R/OL]. [2021-4]. http://www.caict.ac.cn/kxyj/qwfb/bps/202104/P020210424737615413306.pdf。

面的"数字鸿沟",进而进一步挤占低技能劳动力的就业空间,并导致技能水平较高的城市劳动力与技能水平较低的农村务工人员之间的工资差距拉大。①

"数字红利"与"数字鸿沟"并存的现实意味着,数字经济对农业农村发展的影响是多维和复杂的。数字经济虽然为农业农村发展和农民创业增收创造了新的机遇,但在对数字技术及其应用缺乏必要支持和有效引导的情况下,也可能加大城乡区域的发展差距,对乡村振兴战略和农业农村现代化发展目标的顺利实现形成冲击。因此,从理论上充分认识数字经济对农业农村发展的"双刃剑"效应及其作用机理,在实践中加大对数字经济助农益农的政策支持和引导,有效发挥其对农业升级、农村进步和农民发展的积极作用,使农村地区共享数字发展红利,不仅是数字化时代扎实推进乡村振兴和共同富裕的重要课题,也是数字化时代人类发展所面临的共同课题。

三 促进农业农村数字化转型已成为全球共识

为顺应经济社会数字化转型的发展趋势,同时充分发挥数字经济在推动农业农村现代化中的积极作用,无论是欧美等发达国家还是以中国和印度为代表的发展中国家均出台了大量支持农业农村数字化转型的政策方案。例如,美国联邦政府自 2002 年就启动了旨在缩小"数字鸿沟"的农村宽带计划。印度于 2011 年和 2018 年分别启动了全国农业电子治理计划和数字乡村项目,以促进数字农业的发展、改善农村的信息基础设施和提升农村居民的数字素养。为推动联合国 2030 年可持续发展议程,联合国粮农组织近年来启动了"牵手行动(Hand – in – Hand Initiative)""数字千村(1000 Digital Village Initiative)"等项目,通过重点支持发展中国家的数字创新来推动农

---

① 曾亿武、孙文策、李丽莉等:《数字鸿沟新坐标:智慧城市建设对城乡收入差距的影响》,《中国农村观察》2022 年第 3 期,第 165~184 页。

村的包容性发展和粮农生产的可持续化转型。

我国早在改革开放之初，就和国家信息化建设同步启动了农业农村信息化建设进程。进入 21 世纪以来，特别是党的十八大以来，随着国民经济和社会信息化与数字化的战略地位进一步提升，以及全面建成小康社会奋斗目标的提出，农业农村信息化建设不仅进入全面提速阶段，而且被提到了国家战略高度。2018 年，中共中央、国务院在《关于实施乡村振兴战略的意见》中正式提出"实施数字乡村战略"，把数字乡村作为乡村振兴的战略方向。根据中央部署，国家相关部门先后出台了《数字乡村发展战略纲要》《数字农业农村发展规划（2019－2025 年）》《数字乡村发展行动计划（2022－2025 年）》等重要文件，并组织开展国家数字乡村试点工作、发布《数字乡村建设指南》，为推动农业农村数字化转型、以数字乡村助力乡村全面振兴做出了战略部署和系统规划，提供了制度保障和政策支撑。2021 年，国务院印发的《"十四五"数字经济发展规划》提出，"十四五"时期我国数字经济将转向"深化应用、规范发展和普惠共享"的新阶段，这表明，规范和引导数字经济发展、使"数字红利"惠及更广大人民群众，将成为未来我国数字经济发展的重要方向。

第二节　研究现状综述

一　数字经济与乡村振兴是全球包容性增长与可持续发展研究的重要组成部分

对数字经济与乡村振兴之间关系的理论研究始于国际社会对发展问题的关注。信息通信技术（ICT）及其引发的经济社会信息化和数字化转型对包容性增长、可持续发展的影响问题一直是国际社会广泛和持续关注的领域。早在 20 世纪 90 年代，学术界就对发展信息通信技术是否会对经济欠发达国家的其他发展需求造成"挤出"的问题展开过争论。① 2000 年联合国确立千年发展目标之后，国际社会在 ICT 有助于消除贫困和促进城乡区域协调发展问题上达成了共识。例如，联合国开发计划署（UNDP）在总结发展中国家的经验基础上指出，信息通信技术在促进健康与教育、创造就业机会、普及公共服务以及改善环境治理等方面均能发挥积极作用，并据此提出了数字机遇倡议。② 世界银行认为 ICT 具备消除贫困、提高生产率、促进经济增长和改善治理的巨大潜力，并提出了 ICT 促进发展的三大作用机制，即转化机制（转化政府行为和改善公共服务）、创新机制（促进数字相关产业的发展和竞争）和联通机制（普及数字基础设施）。③ 世界银行在其 2016 年的《世界发展报告》中指出，数字技术对发展的贡献主要表现为通过创新、效率和包容机制促进经济、贸易增长和就业机会增加。④

随着信息技术及其应用范围不断取得突破性进展，以及联合国可持续发展目标（其中包括消除贫困和饥饿、发展可持续农业、缩小国家内部不平等等目标）的提出，数字经济与发展问题研究呈现一些新的特点和趋势。首先，一些新兴数字技术以及经济形态对可持续发展的影响受到特别关注，出现了专门针对人工智能、⑤ 区块链、⑥

---

① World Bank Group. ICT and MDGs：a World Bank Group Perspective. 2003.

② Accenture，Markle Foundation，and UNDP. Creating a Development Dynamic—Final Report of the Digital Opportunity Initiative. 2001.

③ World Bank. Publication：ICT for Greater Development Impact：World Bank Group Strategy for Information and Communication Technology，2012–2015. © Washington，DC. http：//hdl. handle. net/10986/27411 License：CC BY 3. 0 IGO.

④ World Bank Group. World Development Report 2016：Digital Dividends ［M］. World Bank Publications，2016.

⑤ Vinuesa R，Azizpour H.，Leite I.，et al.. "The Role of Artificial Intelligence in Achieving the Sustainable Development Goals" ［J］. *Nature communications*，2020，11（1）：233.

⑥ Adams R.，Kewell B.，Parry G.. "Blockchain for Good? Digital Ledger Technology and Sustainable Development Goals" ［J］. *Handbook of Sustainability and Social Science Research*，2018：127–140.

工业 4.0①以及平台经济②对可持续发展影响的研究成果。其次，新
发表的研究成果注重从广义可持续发展的角度综合考察数字经济对经
济、社会、环境目标的影响。例如，发表在《自然通讯》上的一项
研究发现，在联合国 2030 年可持续发展议程所设置的 17 个目标 169
个具体目标中，人工智能可以对其中的 134 个目标发挥积极作用。③
最后，对数字经济对发展的消极影响的认识不断深化。例如，对
"数字鸿沟"的研究，由最初的"接入鸿沟"问题进一步深入至不同
国家和社会群体初始条件差距引起的对"数字红利"的受益不均问
题上。

综上所述可知，在全球范围内，数字经济与农业农村发展的研究
通常被纳入数字化转型与可持续发展的关系研究之中，专门聚焦数字
经济对农业农村发展的影响的研究相对不足。此外，从我们所掌握的
英文文献来看，现有研究多从全球视野出发，研究视角侧重国别研究
和国际比较，如"数字红利"在发达经济体和发展中经济体之间的
不均衡发展问题等，而对一国内部、区域城乡之间的发展不均衡问题
的研究相对欠缺。

二 数字经济与乡村振兴的本土研究需要一个全球性视野和系统性分析框架

随着经济社会数字化转型的加速以及乡村振兴战略的提出，国内

① M. Mabkhot M., Ferreira P., Maffei A., et al.. "Mapping Industry 4.0 Enabling Technologies into United Nations Sustainability Development Goals" [J]. *Sustainability*, 2021, 13 (5): 2560.

② Center for International Knowledge on Development. How Digital Platform Enterprises Contribute to Sustainable Development in Digital Economy —The Case of Alibaba Group. 2019.

③ Vinuesa R., Azizpour H., Leite I., et al.. "The Role of Artificial Intelligence in Achieving the Sustainable Development Goals" [J]. *Nature communications*, 2020, 11 (1): 1-10.

学术界针对两者关系问题展开了大量研究,① 从不同角度探讨了数字化转型对乡村振兴的多维度影响,并形成了总体较为乐观的研究判断。例如,围绕数字经济能否促进农民增收和缩小城乡收入差距问题,国内学术界从信息基础设施、数字普惠金融、农村电子商务、农民数字素养等角度展开了大量理论和实证研究,从不同维度论证了数字经济的正面作用。例如,许竹青等基于海南省农户调查问卷的研究,发现"农信通"服务通过有效信息供给提升了农产品价格,促进了农民增收。② 程名望等研究发现,互联网普及对农民具有更显著的增收效应,进而缩小了城乡收入差距。③ 张勋团队运用北京大学数字普惠金融指数和中国家庭追踪调查(CFPS)数据开展的多项实证研究发现,数字金融能通过提高支付便利性、缓解流动性约束、促进非农就业、提高创业概率等不同作用机制促进农民工资性和经营性收入的增长和消费水平的提升。④ 唐跃桓等运用双重差分法考察电子商务进农村综合示范项目的政策效果,发现该政策通过网店建设和品牌培养两大作用机制,对农民产生了 3% 的增收作用,且东部地区的增收效应更为显著。⑤ 邱子迅等运用清华大学电商发展指数和 CFPS 数据开展的实证研究发现,电子商务能通过降低信息不对称、促进城镇消费和农村电商发展等方式促进农民创业、就业和增收,进而缩小城

---

① 例如,中国知网的文献检索(2022 年 4 月 22 日)发现,仅篇名中包含"农村电商""智慧农业""数字乡村"的期刊论文数量就分别达到 2667 篇、2611 篇和 721 篇。

② 许竹青、郑风田、陈洁:《"数字鸿沟"还是"信息红利"? 信息的有效供给与农民的销售价格——一个微观角度的实证研究》,《经济学》(季刊)2013 年第 4 期,第 1513~1536 页。

③ 程名望、张家平:《互联网普及与城乡收入差距:理论与实证》,《中国农村经济》2019 年第 2 期,第 19~41 页。

④ 张勋、万广华、吴海涛:《缩小数字鸿沟:中国特色数字金融发展》,《中国社会科学》2021 年第 8 期,第 35~51+204~205 页。

⑤ 唐跃桓、杨其静、李秋芸等:《电子商务发展与农民增收——基于电子商务进农村综合示范政策的考察》,《中国农村经济》2020 年第 6 期,第 75~94 页。

乡和农村内部收入差距。① 也有研究发现，电商采纳虽有助于农民增收，但加剧了农户内部收入不平等。② 外卖平台的兴起使企业注册量减少了 4.7%，且对低质量、生存型创业产生了明显的挤出效应。③

上述文献梳理从一个侧面反映了国内学术界探讨经济数字化转型与乡村振兴问题的研究特点，其优势在于能够深入阐释和论证数字经济某个特定经济形态的影响及其作用机制，但不足之处在于存在以偏概全的风险，以及"只见树木，不见森林"的缺憾，不能全面反映和评价数字变革带来的综合性影响。毕竟，一方面，数字经济的形态与模式非常丰富多元，而乡村振兴是一个涵盖农村经济、政治、社会、文化和环境振兴的系统工程，考察数字经济对农业农村发展的影响需要一个更加综合的研究视角和分析框架。另一方面，虽然国内研究者对智慧农业、数字乡村等数字化转型的国际实践也开展了积极研究，但从全球视野进行的中外比较研究还相对不足，对中国以数字化转型促进农业农村发展的探索实践对全球包容性增长与可持续发展的意义和价值的探讨还较为欠缺。作为数字经济和农村人口规模均位居世界第二的发展中大国，中国在数字化时代背景下以乡村振兴战略推进农业农村现代化的积极探索，无论其经验还是教训、成就抑或挑战，对于深化理论研究、丰富政策实践都有超出中国自身的重大意义。④

立足于上述判断，我们力图在全球性视野下，从一个综合性的视角探讨数字经济与乡村振兴之间的关系，特别是数字经济对于促进农

① 邱子迅、周亚虹：《电子商务对农村家庭增收作用的机制分析——基于需求与供给有效对接的微观检验》，《中国农村经济》2021 年第 4 期，第 36~52 页。
② 曾亿武、郭红东、金松青：《电子商务有益于农民增收吗？——来自江苏沭阳的证据》，《中国农村经济》2018 年第 2 期，第 49~64 页。
③ 莫怡青、李力行：《零工经济对创业的影响——以外卖平台的兴起为例》，《管理世界》2022 年第 2 期，第 31~45+3 页。
④ 黄承伟：《共同富裕视野下乡村振兴理论研究前沿问题及发展方向》，《华中农业大学学报》（社会科学版）2022 年第 5 期，第 1~10 页。

村产业振兴、农民增收共富以及乡村和美宜居的理论潜能和实际影响。我们相信这一研究有助于在理论上丰富和深化对数字经济的外溢效应和包容性潜能的认识，更加系统地把握数字经济对农业农村发展的作用机理和影响路径的多元性和复杂性。同时，对中国及世界其他国家的实践经验的总结和比较，将在验证或修正理论认知的基础上更好地指导各国实践，最大化发挥数字经济在促进乡村振兴、城乡融合及经济社会与环境的可持续发展等方面的正外部性效应和潜力。

第三节 研究框架与内容

本书立足于"数字经济与乡村振兴"这一研究主题，按照理论阐释—经验研究—政策评价的基本脉络展开研究。全书包含四部分共八章内容。第一章绪论主要阐述研究背景和选题的理论与现实意义，对研究现状进行简要评述，同时介绍全书的基本框架和主要内容。第二至五章按照"总—分"结构展开数字经济与乡村振兴的理论阐释。第二章在界定数字经济与乡村振兴的概念内涵基础上，着重论述数字经济的技术经济特征及其对包容性增长和乡村振兴的"双刃剑"效应及作用机理。该章旨在为后三章的理论阐释提供概念支撑与理论基础，同时从包容性增长和可持续发展的角度深化对乡村振兴经济学内涵的认识。第三至五章分别从农业、农民和农村的角度讨论数字经济的理论潜能与所带来的实际变化。第三章探讨数字经济对农业及其他农村产业发展的作用机理，并从"农业+"和"数字+"两个维度论证数字经济促进农村产业现代化的实现路径。第四章重点讨论数字经济对农民增收与共同富裕所产生的综合性影响和结构性效应，并基于数字经济发展水平和农村及城市居民收入水平的省级面板数据开展实证研究。第五章着重介绍数字技术赋能乡村治理与公共服务对于建设和美宜居乡村的理论逻辑与东中西部地区的实践经验。第六至七章是全书的经验研究部分。第六章从纵向维度梳理改革开放以来中国农业农村信息化建设和数字化发展的历史进程和发展成就，并结合中国国情讨论农业农村数字化转型的一般性规律与本土化特点。第七章从横向维度讨论美国、日本、印度和欧盟等国家和地区农业数字化转型的实践经验，在比较其共性特征和个性差异基础上提炼总结其对中国数字农业发展的参考价值和借鉴意义。第八章是全书的政策评价部分。在准确把握数字乡村发展战略的目标任务基础上，以点面结合的方式，综合运用权威机构追踪调查数据以及个案经验，对数字乡村战略实施 5 年来的政策成效和现实挑战进行客观评价，并提出进一步发挥数字经济潜力、高质量推进乡村振兴的对策建议。

本书可能的学术贡献主要体现在以下几个方面。第一，从发展经济学、特别是包容性增长的角度提炼概括乡村振兴的经济学内涵，并从正反两个方面论证了数字经济对包容性增长和乡村振兴的"双刃剑"效应。第二，在理论阐释基础上实证检验了数字经济对于农民增收与共同富裕的综合影响和结构性特征，发现数字经济通过扩大保障性转移支付规模和提高转移支付效率的传导机制对农民转移性收入有显著的增收效应。我们同时发现，现阶段数字经济对低收入农民群体的增收效应要高于高收入群体，对农民的增收效应要高于城市居民，因此缩小了农民群体内部以及城乡居民的收入差距、进而对推动共同富裕产生了积极作用。第三，将数字经济与乡村振兴问题置于全球视野之下，通过中外实践与经验的比较研究，提炼总结了农业农村信息化建设和数字化转型的一般性规律，并探讨了以数字经济促进乡村振兴和共同富裕的"中国经验"对于数字化时代全球性包容性增长和可持续发展的贡献。

第二章
数字经济与乡村振兴的基本理论

为从总体上把握数字经济与乡村振兴的关系，本章梳理了数字经济的概念内涵及技术特性，从经济学角度阐释了乡村振兴的本质是包容性增长，且在目标任务与方法路径上与广义可持续发展具有高度一致性。基于数字经济的技术特性，我们提出数字经济对乡村振兴和包容性增长具有"双刃剑"效应。具体来说，数字技术及其经济变革可以通过网络联通、信息赋能、社会包容、技术跨越等效应给乡村振兴带来积极影响；同时也可能通过技术垄断和马太效应、劳动替代和就业挤出等效应对乡村振兴产生消极作用。

第一节　数字经济的概念内涵与技术特性

一　数字经济的概念内涵

自 1996 年加拿大经济咨询专家 Don Tapscott 较早提出数字经济（Digital Economy）这一概念以来，随着数字技术的更新迭代及其应用范围的不断扩展，其概念的内涵与外延也不断发生变化。学术界、产业界以及决策部门基于对数字经济的各自理解在不同阶段提出了不尽相同的定义。例如，**Don Tapscott** 把数字经济定义为由互联网所赋能的"新经济"，在这种新经济形态中，个体和企业通过将网络化的知识和人类智能运用于农业、制造业及服务业来创造财富。由于知识和智能的网络化取决于信息处理技术的数字化，因此，基于网络智能的新经济不仅是数字经济，同时也被称为知识经济或网络经济。① 国务院 2021 年颁发的《"十四五"数字经济发展规划》则将数字经济定义为"以数据资源为关键要素，以现代信息网络为主要载体，以信息通信技术融合应用、全要素数字化转型为重要推动力，促进公平与效率更加统一的新经济形态"。这一定义在互联网之外突出了数据作为关键生产要素的重要性，而且强调了数字经济促进社会公平的功能和潜力。

尽管社会各界对数字经济的概念内涵有不同的理解，但至少在以下两个方面达成了共识。

一是一般都认同数字经济是信息技术（或数字技术）、信息化带来的经济形态。这是李长江对已有关于数字经济内涵的研究进行梳理后得出的基本判断。② 在此基础上，提出"数字经济是主要以数字技术方式进行生产的经济形态"，进一步强调数字经济的本质特征是数字技术成为全社会的主要生产方式。**Bukht** 和 **Heeks** 梳理了 30 年来英文文献中有关数字经济的代表性定义后，把数字经济定义为"完全或主要来自数字技术、且商业模式基于数字产品或服务的经济产出"。③ 也就是说，无论信息或数字技术如何演进，它是数字经济的技术基础。

---

① Tapscott, D.. *The Digital Economy: Promise and Peril in the Age of Networked Intelligence*, McGraw-Hill, New York, NY, 1996.
② 李长江：《关于数字经济内涵的初步探讨》，《电子政务》2017 年第 9 期，第 84~92 页。
③ Bukht R., Heeks R.. "Defining, Conceptualising and Measuring the Digital Economy" [J]. *Development Informatics Working Paper*, 2017（68）.

　　二是随着数字技术的迭代升级及应用范围的不断拓展，数字经济呈现不断演化的特征。例如，孙毅认为数字经济是一个不断演化的产业概念，自 20 世纪 60 年代以来，先后经历了信息经济、网络经济和数字经济三个发展阶段（见图 2-1）。① 阿里研究院则进一步提出，以 2016 年为分水岭，数字经济已经由 1.0 时代进入 2.0 时代。数字经济 1.0 的核心技术是信息技术（IT）。在这个阶段，信息技术在传统的行业和领域得到推广应用，属于 IT 技术的安装期。推广应用 IT 技术，大大提升了原有经济系统的运行效率，降低了运行成本。同时，以 IT 设备制造和相应软件业为主体的信息产业得以成长，互联网开始兴起并得到初步应用，但是还没有在全社会形成成熟的互联网商业模式。21 世纪初以来，基于数字技术、以互联网平台为重要载体的数字经济开始兴起，标志着数字经济进入 2.0 时代。这一阶段的核心技术是数据技术（DT），数据成为驱动商业模式创新和发展的核心力量。数字经济 2.0 架构在"云网端"新基础设施之上，生长出互联网平台这一全新的经济组织，并带来了商业模式、组织模式、就业模式的革命性变化。② 与孙毅的数字经济演化三阶段进行比较可以看出，阿里研究院的数字经济 1.0 更接近图 2-1 所展示的信息经济和网络经济，而数字经济 2.0 则代表了 2010 年以来以数据技术为核心、以互联网平台为载体的一种新的经济组织模式和形态。

---

① 孙毅：《数字经济学》，机械工业出版社，2021。
② 阿里研究院：《数字经济系列报告之一：数字经济 2.0》．［R/OL］．［2022-3］．https：//www. ambchina. com/data/upload/image/20220313/%E9%98%BF%E9%87%8C%E7%A0%94 %E7%A9%B6%E9%99%A2%EF%BC%9A%E6%95%B0%E5%AD%97%E7%BB%8F%E6%B5%8E2. 0%E6%8A%A5%E5%91%8A%E2%80%94%E2%80%94%E5%91%8A%E5%88%AB%E5%85%AC%E5%8F%B8%EF%BC%8C%E6%8B%A5%E6%8A%B1%E5%B9%B3%E5%8F%B0. pdf。

图 2-1　数字经济相关概念的演化

资料来源：孙毅：《数字经济学》，机械工业出版社，2021。

我们由此可以认为，数字经济是继农业经济、工业经济之后的一种新的经济形态，也是在计算机和互联网等信息通信技术基础之上发展起来的"新经济"的最新阶段和表现形态。

二　数字经济的统计范畴

在讨论数字经济内涵的基础上，一些国际组织、政府部门以及学术界出于对数字经济进行测度或量化研究的需要，尝试对现实世界中的数字经济进行范围界定，并形成了"分层"和"并列"两种分类框架。"分层框架"，以 Bukht 和 Heeks、OECD 提出的数字经济分层定义为代表，认为根据与数字技术关系的差异，可以将数字经济区分为核心、狭义和广义等不同的层次与范畴；"并列框架"，以美国商务部经济分析局和中国信息通信研究院为代表，认为数字经济由彼此关联又相对独立的部分组成。

1. 分层框架

Bukht 和 Heeks 将数字经济划分为以下三个层次：①数字核心部门，包括硬件制造、信息服务等传统信息技术产业；②狭义数字经济，包括核心部门以及因 ICT 而产生的新商业模式，如平台经济、共享经济、数字服务等；③广义数字经济或数字化经济，包括一切基于数字技术的经济活动，如工业4.0、精准农业、电子商务等（见图2-2）。[1]

---

① Bukht R., Heeks R.. "Defining, Conceptualising and Measuring the Digital Economy" [J]. *Development Informatics Working Paper*, 2017（68）.

这一划分方法也被联合国贸发会议的《2019 数字经济报告》所采纳。

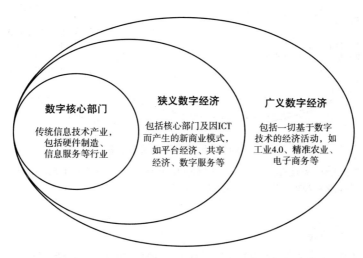

图 2-2　Bukht 和 Heeks 定义的三层次数字经济示意

资料来源：Bukht R．，Heeks R．．"Defining，Conceptualising and Measuring the Digital Economy"［J］．*Development Informatics Working Paper*，2017（68）。

另外，在 2020 年的 20 国集团沙特会议期间，OECD 曾提出数字经济的四层定义框架，分别为核心层、狭义层、广义层和"数字经济+"。核心层包括基本的数字产品和服务；狭义层包括"数字赋能经济"，即依赖于数字技术和信息的企业所生产的产品和服务；广义层包括"数字强化经济"，既包括核心层和狭义层，也包括使用数字技术和信息显著提升生产率的企业所制造的产品和服务；"数字经济+"则包括未被统计在 GDP 内的其他数字化交易和活动，如免费的数字服务（见图 2-3）。①

---

① 高晓雨：《2020 年二十国集团沙特会议关于数字经济测度议题的研究》，《中国信息化》2020 年第 12 期，第 102~104 页。

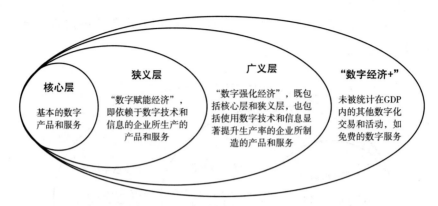

图 2-3 OECD 提出的数字经济分层定义框架

资料来源：高晓雨：《2020 年二十国集团沙特会议关于数字经济测度议题的研究》，《中国信息化》2020 年第 12 期，第 102~104 页。

2. 并列框架

美国商务部经济分析局（BEA）2018 年发布《数字经济的定义与测算》，将数字经济界定为以互联网及相关的通信技术为基础的经济活动，并将以下三方面的经济活动纳入数字经济的统计范畴：①数字基础设施，包括：计算机硬件、软件、通信设备和服务、建筑、物联网和支持服务等；②电子商务，指广义上所有通过计算机网络进行的商品和服务的购买与销售行为，包括电子下单、电子交付和平台交易等各种交易形式，以及 B2B、B2C、P2P 等交易类型；③数字媒体，指人们通过电子设备创造、访问、存储或阅读的内容，包括直接销售的数字媒体、免费数字媒体（图 2-4）。①

---

① Barefoot K., Curtis D., Jolliff W., et al. "Defining and Measuring the Digital Economy" [J]. *US Department of Commerce Bureau of Economic Analysis*, Washington, DC, 2018, 15: 210.

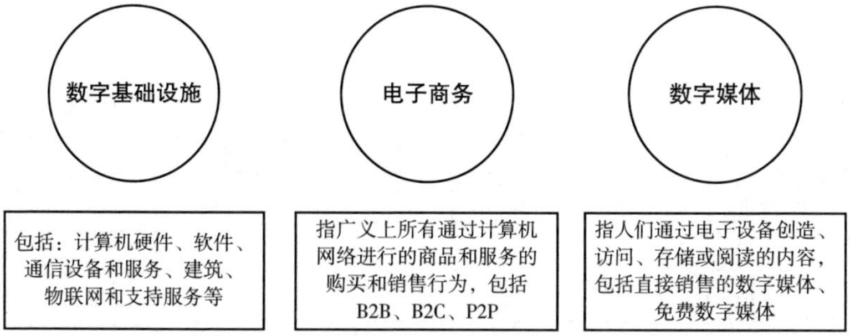

图 2-4　美国商务部经济分析局对于数字经济范围的界定示意

资料来源：Barefoot K., Curtis D., Jolliff W., et al.. "Defining and Measuring the Digital Economy" [J]. US *Department of Commerce Bureau of Economic Analysis*, Washington, DC, 2018, 15: 210。

中国信通院是国内较早且持续开展信息经济和数字经济测算与追踪研究的专业智库。2017 年中央政府在政府工作报告中首次提出"数字经济"后，中国信通院将此前定期发布的《中国信息经济发展白皮书》更名为《中国数字经济发展白皮书》，并先后提出数字经济的"两化""三化"框架，并最终形成包含生产要素、生产力和生产关系的"四化"框架。根据数字经济的"四化"框架，数字产业化和产业数字化重塑生产力，是数字经济发展的核心；数字化治理引领生产关系深刻变革，是数字经济发展的保障；数据价值化重构生产要素体系，是数字经济发展的基础（见图 2-5）。①

---

① 中国信息通信研究院：《中国数字经济发展白皮书（2020 年）》[R/OL].［2020-7］. http://www.caict.ac.cn/kxyj/qwfb/bps/202007/P020200703318256637020.pdf。

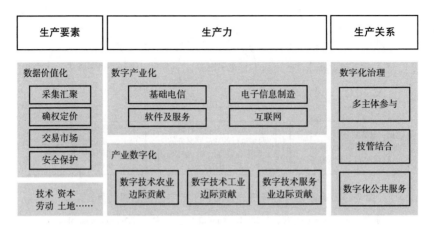

图 2-5　中国信息通信研究院数字经济"四化"框架

资料来源：中国信息通信研究院：《中国数字经济发展白皮书（2020 年）》［R/OL］.
［2020-7］. http：//www. caict. ac. cn/kxyj/qwfb/bps/202007/P020200703318256637020. pdf。

　　2021 年，国家统计局正式公布《数字经济及其核心产业统计分类（2021）》，从数字产业化和产业数字化两个方面确定了数字经济的基本范围，将其分为数字产品制造业、数字产品服务业、数字技术应用业、数字要素驱动业和数字化效率提升业等 5 个大类。其中，前 4 大类为数字产业化部分，即数字经济核心产业，是指为产业数字化发展提供数字技术、产品、服务、基础设施和解决方案，以及完全依赖于数字技术、数据要素的各类经济活动。第 5 大类为产业数字化部分，是指应用数字技术和数据资源为传统产业带来的产出增加和效率提升，是数字技术与实体经济的融合。两者形成互补关系。①

　　从上述不同分类框架可以看出，"分层"框架中所列举的狭义和广义的数字经济大体对应国家统计局所定义的数字产业化和产业数字化的范畴。而中国信通院的"四化"框架在广义数字经济之外，还包含

----

① 《国家统计局副局长鲜祖德解读〈数字经济及其核心产业统计分类（2021）〉》［N/OL］. ［2021－6－3］，澎湃新闻网，https：//m. thepaper. cn/baijiahao＿12976407。

了数据价值化和数字化治理两个相对独立的构成要素。后两者尽管并未单独纳入数字经济增加值的统计测算之中，但为我们提供了理解数字经济新的维度。在数字技术经济社会影响非中性的情况下，数字化治理作为一种各要素主体利益关系的调节机制，将很大程度上影响数字经济发展的公平、公正与包容性。因此，在数字经济与乡村振兴和包容性增长关系的讨论中，数字经济的"四化"框架将有助于我们在数字经济活动之外，看到数据要素和数字化治理的重要作用和潜在影响。

三 数字经济的技术特性

我们讨论数字经济的技术特性，是想探讨数字技术作为一种新兴通用目的技术的特有属性及其对经济社会的潜在影响。所谓通用目的技术（General Purpose Technologies，GPTs），简称通用技术，是指具有普遍适用性或渗透性（能被众多下游部门所使用）、技术改进的内在潜力和创新互补性（下游部门的研发生产力因 GPTs 的创新而提高）的技术。[①] 有观点认为，在数字技术诞生之前，人类历史上只有蒸汽机、发电机和印刷机才具备这样的自我革新能力和产业影响力。从技术经济角度看，数字技术在经济活动中主要呈现以下突出特点。

1. 渗透性

数字技术兼具通用性、基础性和使能性，具备与经济社会各行业、生产生活各环节相互融合的潜能，这种广泛应用于经济社会各领域的特征被定义为通用技术的渗透性。随着数字技术的发展，数字解决方案被越来越多地应用于多元场景、复杂场景，问题解决边界也向实际应用拓展。这种应用复杂化的趋势即是对数字技术渗透作用的印证。渗透作用是通用技术最基本的技术—经济特征，也是数字技术出

---

① Bresnahan，Timothy F. & Trajtenberg，M.. "General Purpose Technologies 'Engines of Growth'？" [J]，*Journal of Econometrics*，Elsevier，1995，65（1）：83-108.

现重大创新能够引发技术革命，进而带来技术—经济范式转换的逻辑基础。渗透性特征决定了数字技术具有对经济增长产生广泛性、全局性影响的潜力。

2. 协同性

数字经济的协同性在一定程度上是其渗透效应的具体实现。数字技术作为通用技术渗透进入经济社会各个方面，在生产领域提升资本、劳动、技术等要素之间的匹配度，加强上游技术研发、中游工程实现、下游应用反馈各个生产环节之间的协同，从而提高运行效率。在消费领域完成需求与供给的智能匹配，进一步释放消费潜力的同时，实现经济的高质量增长。总的来说，数字经济的协同性特征体现在对经济运行效率的提升。蔡跃洲和张钧南核算了中国过去 30 年中 ICT 资本对增长的贡献率，并使用格兰杰因果关系检验验证了 ICT 资本与全要素生产率增长之间的因果关系，发现 ICT 资本通过与各个经济要素的协同促进了经济效率提升，最终推动了 GDP 的增长[①]。

3. 替代性

数字技术所具有的内在改进的巨大潜力，使得 ICT 产品或服务在性能提升的同时价格持续下降，进而实现 ICT 资本对其他投资的大规模替代。世界半导体协会的数据显示，在 1996~2016 年的 20 年里，半导体的平均功能（以每块芯片的平均晶体管数量衡量）增长了 116371%，微处理器的速度提高了 10426%，能源效率提高了 1383%，而其价格则以令人难以置信的速度下降，从 20 世纪 50 年代每个晶体管超过 5 美元下降到现如今每个晶体管不到十亿分之一美元。[②] 除了对非 ICT 资本的替代效应之外，人工智能等新一代信息技术的发展和

---

① 蔡跃洲、张钧南：《信息通信技术对中国经济增长的替代效应与渗透效应》，《经济研究》2015 年第 12 期，第 100~114 页。

② The World Semiconductor Council at 20 Years. ［EB/OL］. ［2016-4］. https：//www. semiconductorcouncil. org/wp - content/uploads/2016/04/WSC - 20th - Seoul - Statement_ FINAL. pdf.

应用还将产生不容忽视的劳动替代效应。蔡跃洲和陈楠提出，人工智能与生产的自动化将对就业造成替代、补偿和创造等效应。这些效应的综合作用使得现阶段就业总量保持了基本稳定，但结构性冲击不可避免。伴随结构的调整，初次分配中劳动份额将降低，被替代行业中教育和技能水平较低、年龄偏大人群所受损失最大，使收入差距进一步扩大。[①]

4. 外部性

数字技术的通用性和渗透性特征决定了数字化投资将给经济活动带来广泛影响并产生明显溢出效应。有研究发现，技术投资对经济的全面影响远远超出投资者的直接收益，而数字技术的投资回报率又远高于非数字技术。分析表明，过去 30 年中，数字投资每增长 1 美元，将撬动 GDP 增加 20 美元。而非数字投资的平均投资回报率仅为 1∶3，这一结果表明，就每 1 美元的平均回报率而言，数字技术投资是非数字技术投资的 6.7 倍。[②] 此外，数字化产品边际成本趋于零的成本优势和规模效益将极大提升其向社会提供信息检索、知识产品和教育资源等公共物品的能力，在提高经济效率的同时促进增长的包容性与普惠性。

5. 非中性

20 世纪二三十年代，以庇古和希克斯为代表的经济学家根据技术进步对不同生产要素生产效率的影响差异将技术进步区分为劳动节约型、资本节约型和中性。后者被称为中性技术进步，表明其引致的要素效率变化是对称的，不同要素生产率的提升幅度相同；前两者被称为偏向性技术进步，其引致的要素效率变化则是非对称性的，不同要

---

① 蔡跃洲、陈楠：《新技术革命下人工智能与高质量增长、高质量就业》，《数量经济技术经济研究》2019 年第 5 期，第 3~22 页。

② 华为 & 牛津经济研究院：《数字溢出：衡量数字经济的真正影响力》，2017 年 9 月，https://www.huawei.com/minisite/gci/cn/digital‑spillover/files/gci_digital_spillover.pdf.

素生产率的提升幅度不同。随着经验研究的日渐丰富和深入，研究者倾向于认为中性技术进步是技术进步的特殊状态，并不符合经济发展的一般化现实。① 对我国技术进步偏向的测算表明，除了改革开放初期我国的技术进步是劳动偏向的以外，随后的年份几乎都是资本偏向的，即节约劳动而多用资本的。技术进步不仅具有资本偏向性，如果将劳动力划分为技能劳动力和非技能劳动力两类，则大量经验研究表明，技术进步还具有技能偏向性，即相对于非技能劳动力来说，技术进步更偏向于技能劳动力。技术进步的技能偏向会增加对技能劳动力的需求，使得技能劳动力的工资相对于非技能劳动力的工资持续上升，出现持续的技能溢价。从技术进步的收入分配效应看，技术进步的资本和技能偏向会使"蛋糕"的分配首先向资本倾斜，加大了资本所有者和劳动者之间的收入分配差距。其次，在劳动者内部的"蛋糕"分配中向技能劳动力倾斜，造成了技能劳动力和非技能劳动力的收入分配差距，二者都加大了社会收入分配的不平等。②

关于数字技术应用对劳动力市场影响的实证研究也证实了上述判断。Acemoglu 和 Restrepo 针对美国 1990～2007 年劳动力市场的实证研究也发现，在每千名工人中增加一个机器人，美国的人口就业率下降 0.18～0.34 个百分点，工资水平降低 0.25%～0.5%。③ 自 2016 年以来，中国已经超越日本成为全球工业机器人存量最大的国家。王永钦和董雯针对中国劳动力市场的研究发现，工业机器人渗透度每增加 1%，企业的劳动力需求下降 0.18%。尽管工业机器人的应用会增加

---

① 李小克、徐志鹏：《促进全要素生产率可持续增长》，《中国社会科学报》2023 年 12 月 5 日。

② 雷钦礼：《技术进步及其偏向生成机制与经济效应》，《中国科学报》2019 年 10 月 30 日。

③ Acemoglu D., Restrepo P.. "The Race between Man and Machine: Implications of Technology for Growth, Factor Shares, and Employment" [J]. *American Economic Review*, 2018, 108 (6): 1488-1542.

对高技能水平劳动力的就业需求以及扩大企业生产规模，但仍然难以平衡对低技能水平生产人员的挤出效应，进而导致整体上企业就业人数的减少。[①]

第二节　乡村振兴的目标任务及经济学内涵

一　乡村振兴战略的实施背景与目标任务

实施乡村振兴战略是党的十九大作出的重大决策部署，也是党和国家在"两个一百年"奋斗目标的历史交汇期，在消除绝对贫困、全面建成小康社会基础上，为全面实现农业农村现代化的奋斗目标作出的战略安排，在新中国"三农"发展进程中具有划时代的里程碑意义，是指导未来30年"三农"工作的总纲领。

乡村振兴战略的提出有着重要的时代背景和国情背景。从时代背景看，党的十九大报告作出中国特色社会主义进入新时代的科学论断，以及新时代我国社会主要矛盾已经转化为人民日益增长的美好生活需要和不平衡不充分的发展之间的矛盾的重要判断，并将"着力解决好发展不平衡不充分问题，大力提升发展质量和效益，更好满足人民在经济、政治、文化、社会、生态等方面日益增长的需要，更好推动人的全面发展、社会全面进步"作为党和国家工作的重心。尽管发展不平衡不充分问题在经济社会诸多领域均有表现，但以在乡村地区最为突出。[②]因此，通过实施乡村振兴战略加快推进农业农村现

---

① 王永钦、董雯：《机器人的兴起如何影响中国劳动力市场？——来自制造业上市公司的证据》，《经济研究》2020年第10期，第159~175页。

② 中国政府网．《中共中央　国务院印发〈乡村振兴战略规划（2018-2022年）〉》［EB/OL］．［2018-9-26］．http://www.gov.cn/gongbao/content/2018/content_5331958.htm.

代化既是解决新时代我国社会主要矛盾的必然要求，也是实现"两个一百年"奋斗目标、实现全体人民共同富裕的前提和基础。从国情背景看，作为一个仍有5亿农村人口的发展中大国和几千年农耕传统的文明古国，中国不可能也不应该简单依靠工业化和城镇化解决"三农"问题。农业农村现代化除了自身发展和进步的需要，也是确保国家粮食、经济和生态安全的需要，同时还承载着传承农耕文化和中华文明的重要使命。因此，实施乡村振兴战略的一个重要任务，是顺应新发展阶段、理念和格局的变化趋势，通过产业、人才、文化、生态和组织等方面的振兴激发乡村的内生发展动力，为加快建设现代化农业强国筑牢坚实根基。

自党的十九大提出实施乡村振兴战略以来，相关部门先后制定颁发了《中共中央 国务院关于实施乡村振兴战略的意见》《乡村振兴战略规划（2018-2022年）》《中国共产党农村工作条例》《中华人民共和国乡村振兴促进法》等重要文件，构建了乡村振兴的制度框架和政策体系，完成了乡村振兴战略的顶层设计。按照党的十九大提出的决胜全面建成小康社会、分两个阶段实现第二个百年奋斗目标的战略安排，乡村振兴战略也制定了与之相配合的阶段性目标，即到2020年，乡村振兴取得重要进展，制度框架和政策体系基本形成。到2035年，乡村振兴取得决定性进展，农业农村现代化基本实现。到2050年，乡村全面振兴，农业强、农村美、农民富全面实现。

乡村振兴战略以农业的全面升级、农村的全面进步和农民的全面发展，最终实现农业农村现代化为目标，在着力完成脱贫攻坚任务基础上，明确了个五方面的重点任务，即以产业兴旺为重点，提升农业发展质量，培育乡村发展新动能；以生态宜居为关键，推进乡村绿色发展，打造人与自然和谐共生发展新格局；以乡风文明为保障，繁荣兴盛农村文化，焕发乡风文明新气象；以治理有效为基础，加强农村基层基础工作,构建乡村治理新体系;以生活富裕为根本,提高农村民生保障水平,塑造美丽乡村新风貌。同时,为确保目标任务的有效推进,战略确立了"三农"问题是"全党工作重中之重"的政治定位和"农业农村优先发展"的指导思想,并从制度供给、人才支撑、投入保障和规划引领四个方面强化对乡村振兴战略的政策支持。[①]

作为中国式现代化探索的重要组成部分,乡村振兴战略还突出强调了战略的社会主义属性和本国特色,要在实施进程中致力于重塑城乡关系,走城乡融合发展之路;巩固和完善农村的基本经营制度,走共同富裕之路;深化农业供给侧结构性改革,走质量兴农之路;坚持人与自然和谐共生,走乡村绿色发展之路;传承发展提升农耕文明,走乡村文化兴盛之路;创新乡村治理体系,走乡村善治之路;打好精准脱贫攻坚战,走中国特色减贫之路。在我们看来,"七个之路"不仅突出了乡村振兴战略的中国特色和社会主义属性,很大程度上也是"创新、协调、绿色、开放、共享"的新发展理念在农业农村发展中的重要体现。即致力于通过制度和科技创新提升农业发展质量和效益;通过重塑城乡关系、产业与文化的协同振兴提升工农城乡发展、物质文明与精神文明的协调性;通过农业农村生态保护与绿色发展促进人与自然的和谐共生;通过促进城乡要素自由流动实现发展动力上的内外联动与城乡融合;通过创新和完善乡村治理,使全体农村居民共享发展成果、促进社会公平、实现共同富裕。

二 乡村振兴战略的经济学内涵

1. 乡村振兴的经济学本质是包容性增长

上文的分析表明,乡村振兴战略不仅以实现农业农村现代化为目

[①] 《中共中央 国务院印发〈乡村振兴战略规划(2018—2022年)〉》[EB/OL][2018-9-26].中国政府网,http://www.gov.cn/gongbao/content/2018/content_5331958.htm。

标，而且致力于通过"农业农村优先发展"解决当前经济社会发展不平衡不充分问题，推动实现工农协调、城乡融合、人与自然和谐共生、物质文明与精神文明同步发展和全体人民共同富裕。从经济学角度看，乡村振兴战略所要着力解决的农业农村现代化问题和经济社会结构失衡问题都是发展经济学所长期关注的问题。张培刚曾经指出，"发展经济学研究的主题应是农业国家或经济落后的国家如何实现工业化和现代化，实现经济起飞和经济发展的问题"①。而新结构经济学的提出者林毅夫也指出，"与以总量生产函数（aggregate production function）为基础的增长理论（Growth Theory）不同，发展经济学中的各流派都强调结构和结构转变对经济增长的重要性。"②

第二次世界大战结束以来，许多由殖民地或半殖民地状态获得解放与独立的发展中国家，在经济增长的同时出现收入差距持续拉大、不平等程度不断加深的趋势。这一现象挑战了新古典经济学关于经济增长与收入差距间关系的理论判断，即认为经济增长所带来的纵向"涓滴效应"和横向"扩散效应"，会使收入差距呈现逐步缩小的变化趋势。多数发展经济学家意识到，经济增长虽然是减少贫困、实现经济发展的必要条件，但绝不是充分条件。发展中国家之所以出现经济增长与收入差距扩大并存，或者说经济增长之所以难以在发展中国家产生"涓滴效应"和"扩散效应"，其根本原因在于发展中国家的社会经济结构及其远离均衡状态的市场经济运行特征。因此，把增长问题与占人口相当大比例的低收入阶层福利改善，特别是贫困人口脱贫问题联系起来；把增长问题与那些影响增长质量、堵塞经济发展道路的结构性因素联系起来，关注增长方式和经济社会结构变革、社会

---

① 张培刚：《发展经济学往何处去——建立新型发展经济学刍议》，《经济研究》1989年第6期，第14~27页。

② 余永定：《发展经济学的重构——评林毅夫〈新结构经济学〉》，《经济学》（季刊）2013年第3期，第1075~1078页。

福利水平普遍提高、不平等状态的改善与人的自由的扩张，逐渐成为发展经济学理论研究与政策分析的焦点。[①]

自 20 世纪 90 年代以来，以世界银行和亚洲开发银行为代表的一些国际组织先后提出基础广泛的增长（Broad-based Growth）、有利于穷人的增长（Pro-poor Growth）以及包容性增长（Inclusive Growth）等概念，为解决发展中国家增长过程中所面临的结构性问题提供了新的视角。其中，最有影响力的是亚洲开发银行于 2007 年提出的包容性增长理念。

所谓包容性增长，是一种公平参与、效率最优、合理共享和可持续的增长，主要包含四个层面的要义：经济增长、权利获得、机会平等和福利普惠，[②] 其中发展机会的平等居于核心地位。一般认为，个体的收入差异源于两方面的原因，一方面是个人背景的不同，另一方面是个人的努力与勤奋程度的不同。这两方面的差异会造成两种不同的社会不平等，即"机会的不平等"与"结果的不平等"。机会不平等通常是由个人背景的不同所造成的，而结果的不平等则既反映机会不平等，也包含个人努力和勤奋程度的差异。而"包容性增长"所强调的机会平等，就是要通过消除由个人背景不同所造成的机会不平等，进而缩小结果的不平等。为实现这一目标，政府部门应当从以下三个方面提供政策支撑，一是通过高速、有效以及可持续的经济增长最大限度地创造就业与发展机会；二是通过提高教育、医疗等公共服务投入及其均等化水平来提升弱势群体参与发展和把握机会的能力；三是通过构建和完善社会保障网络以确保个体能得到最低限度的经济

---

① 叶初升、张凤华：《发展经济学视野中的包容性增长》，《光明日报》2011 年 3 月 18 日。

② 杜志雄、肖卫东、詹琳：《包容性增长理论的脉络、要义与政策内涵》，《中国农村经济》2010 年第 11 期，第 4~14 页。

福利和抵御外部冲击。[①]

　　作为发展经济学的一个重要概念，包容性增长理念及其政策主张不仅对众多国际组织和发展中国家的发展理念及战略规划产生深远影响，也对我国经济社会发展理念的调整与优化起到了积极作用。党的十八大以来，新一代领导集体基于对发展阶段与发展格局的科学判断提出"创新、协调、绿色、开放、共享"的新发展理念，进一步突出发展的协调性以及发展成果的普惠性和共享性，使包容性增长理念得到了更加充分的体现。乡村振兴战略作为新发展理念在农业农村发展中的探索实践，其根本目标和路径就是要通过技术和制度创新赋予农业、农村和农民更加平等的发展机会和更为自主的发展能力，最终解决农业农村发展不充分、工农城乡发展不平衡这一结构性问题，使农村居民能充分共享经济发展的成果，实现全体人民的共同富裕。从这个意义上说，乡村振兴的经济学本质就是包容性增长。

2. 乡村振兴与可持续发展目标高度契合

　　可持续发展是国际社会在应对环境危机过程中提出的一种发展理念，倡导"在不损害后代人满足其自身需要的能力的前提下满足当代人的需要的发展"。自 1987 年世界环境和发展委员会首次提出这一概念以来，可持续发展的内涵不断丰富，并成为一种全球性的发展共识和集体行动。2015 年联合国大会通过的《变革我们的世界：2030 年可持续发展议程》确立了 17 个可持续发展目标，强调经济繁荣、社会公平和环境保护是可持续发展目标不可分割的组成部分。作为联合国千年发展目标（MDGs）的延续和拓展，《2030 年可持续发展议程》继续将消除贫困和饥饿、促进农业可持续发展、全民健康、教

---

① 庄巨忠编《亚洲的贫困、收入差距与包容性增长——度量、政策问题与国别研究》，本书编译组译，中国财政经济出版社，2012，第 12~15 页。

育公平、生态保护，以及确保权利和机会平等等涉及农业农村发展和弱势群体权益保障的领域作为可持续发展的首要和重要目标。乡村振兴战略以解决农业农村发展不平衡不充分问题为出发点，致力于从经济、政治、生态、文化和社会五个方面推动农业农村的全面、协调与可持续发展。比较乡村振兴战略和联合国《2030 年可持续发展议程》，我们不难看出两者在目标任务和方法路径上具有高度的一致性。乡村振兴战略在推动消除绝对和相对贫困、推动农业绿色转型和高质量发展、促进城乡融合发展、提升城乡基础设施与公共服务水平均等化、振兴乡村文化和提升治理水平等方面所开展的探索实践和取得的重要进展，对于推进和实现联合国 2030 年可持续发展议程目标具有毋庸置疑的积极贡献。从这个意义上说，乡村振兴的目标与可持续发展是高度契合的。

第三节　数字经济对乡村振兴的"双刃剑"效应

我们在第一节中讨论了数字经济的技术特性，认为数字经济赖以产生和发展的数字技术作为一种新兴通用技术，在经济社会活动中呈现渗透性、协同性、替代性、外部性和非中性等突出特性。这些特性意味着，对于经济增长的包容性而言，数字经济可能是一柄"双刃剑"。一方面，数字经济在提高资源配置和经济运行效率的同时，能产生广泛的"数字红利"和溢出效应，进而推动经济社会的包容性增长乃至实现跨越式发展；[1] 另一方面，数字技术本身所具有的资本和技能偏向性，以及在技术可得和技术应用等方面的城乡、区域、行

---

① World Bank Group. *World Development Report 2016: Digital Dividends.* World Bank Publications, 2016.

业乃至个体差异将带来非中性的经济和社会影响，加剧社会分化和"数字鸿沟"。数字经济对包容性增长的"双刃剑"效应也突出表现在乡村振兴领域。具体来说，数字技术及其经济变革可以通过网络联通、信息赋能、社会包容、技术跨越等效应给乡村振兴带来积极影响；另外，它也可能通过技术垄断和马太效应、劳动替代和就业挤出等对乡村振兴产生消极作用。

一 数字经济对乡村振兴的正向效应

1. 网络联通效应

与城市相比，农村发展通常面临人口密度低、市场规模小，信息、资本和技术资源匮乏等条件制约。而互联网及农村电商和数字金融等新兴数字经济模式可以打破农村和偏远地区产业发展的地域和空间约束，以低廉的成本实现与市场和其他生产要素的对接，在增加农民个体经济机会的同时，推动农村产业转型升级。"互联网+"带来的联通效应至少可以从三个方面促进农民、农业和农村发展。一是强化市场对接，增加农民收入来源。借助电商、直播等互联网平台的联通机制，小农户不仅可以实现与大市场的对接，增加收入来源；而且能够根据市场需求组织和调整生产，提高生产经营效率。二是降低创业门槛，提高农村经济活力。农村电商和数字金融等"互联网+"服务可以大幅降低农村生产经营者的创业门槛和融资成本，以更便捷方式获得金融、科技、人才等方面的支持，提高创业积极性和成功率。例如，受益于电商经济，山东农业大县曹县在大约 10 年时间里发展成为全国最大的汉服、演出服生产和网售基地；全县淘宝村的数量由 2014 年的 7 个发展到 2021 年的 151 个，在数量上仅次于义乌市，位居全国第二。据当地政府公报，"十三五"时期，曹县的返乡创业就业人数达 8.6 万人，创办各类经济实体 2 万家，带动就业 50.3 万人。三是促进创新资源集聚，助力产业转型升级。借助互联网平台的集聚效应，产学研农四方信息可以实现更好地对接与整合，通过强化科技供给、促进经营模式创新等方式提升农业生产经营的质量效益，促进产业转型升级。

2. 信息赋能效应

进入 21 世纪以来，以大数据、云计算和人工智能为代表的新一代信息技术的发展显著提升了人类收集、处理和应用信息的能力，为优化生产经营决策和管理、实施生态保护、改善国家和社会治理提供了更为强大的信息基础和技术支撑。在农业领域，新一代信息技术的智能化农业装备、遥感与传感器系统以及农业大数据与云服务技术将推动农业生产由传统农业、生化农业、机械化农业进入智慧农业时代。而以生产的智能化和精准化为主要特征的智慧农业将很大程度上缓解工业化时代农业生产所面临的双重矛盾，即粮食需求上升和耕地资源减少的矛盾，以及使用化肥提高粮食产量但可能危害粮食安全和造成环境污染的矛盾。[①] 例如，借助全球定位系统等信息技术，无人机或机器人等智能化的农业装备可以根据不同的土壤条件实施差异化的土地平整或以不同的速率使用化肥，以更加环保的方式实现粮食增产，促进农业生产的高效化和绿色化。此外，随着智能农业装备的小型化以及小微金融的普及化，精准农业的技术和经济门槛将逐渐降低，数字技术红利有望惠及成千上万的普通农户，提升小农生产的效率和效益。在乡村治理方面，数据可得性和数据分析能力的提升，以及无人机等智能装备的应用，可以帮助政府部门克服农村和偏远地区在地理区位和基础设施等方面的不利条件，更加有效地实施贫困治理、传染病防控和灾害救助等公共管理职能，提升偏远和农村地区的返贫及灾害风险应对能力。2013 年以来，国家开展扶贫开发建档立卡工作，建成了涵盖所有贫困人口、贫困村、贫困县基本数据的全国

---

① Huang, Jikun. "China's Rural Transformation and Policies: Past Experience and Future Directions" [J], *Engineering* 18（2022）：21-26.

扶贫开发信息系统，为扶贫开发的精准识别、动态监测和管理提供了强大的数据支撑。

3. 社会包容效应

数字技术不仅可以通过网络联通效应，使偏远地区和农村的居民获得更多经济机会，提升经济增长的包容性；而且能在增进社会包容性、文化多元性、治理公平性和公共服务普惠性方面发挥积极作用。从公共服务与社会治理的供给侧看，互联网和智能终端的普及，以及数据信息的可复制性和非竞争性大大降低了教育、医疗卫生以及社会保障等公共服务的供给成本，为提升公共服务的普惠性、促进城乡公共服务均等化创造了有利条件。同时，作为一种更加公平、透明和便捷的民意征集渠道，"网络问政"可以较大程度上听取体制外或社会边缘群体的"呼声"、克服多层级传递造成的信息失真，提高"问政于民、问需于民、问计于民"的包容性和准确性。从公共服务与社会治理的需求侧看，知识与信息普及化程度的提高以及自媒体、社交平台等民间意见表达和利益诉求渠道的出现，不仅能提升包括农民在内的社会弱势群体的公民权利意识和文化自觉意识，而且为其争取和保障自身权益、提升在公共事务中的话语权、自下而上参与社会治理提供了重要机会。

4. 技术跨越效应

发展经济学认为，信息技术加快了技术迭代创新和创新扩散的速度，为发展中国家和落后地区提供了突破传统的发展路径，实现"蛙跳"的可能性。即在先进信息技术的支持下，落后国家和地区有可能超越传统经济发展所需要的人力资本积累和固定资产投资阶段，实现跨越式发展[1]；或者避开经济发达国家和地区的监管约束，抢占

---

[1] Steinmueller W. E.. "ICTs and the Possibilities for Leapfrogging by Developing Countries" [J]. *Int'l Lab*. Rev., 2001, 140: 193.

发展数字经济的先机。① 印度在制造业并不发达的情况下，发展出具有全球竞争力的 IT 产业和商务服务业即是典型的例子。从解决一国内部的城乡差距和区域性贫困角度看，政策可以引导和加快先进技术向农村或落后地区扩散的速度和扩大范围，使其有可能突破常规的发展路径，借助数字红利缩小差距甚至实现跨越赶超。例如，2015 年以来中国加大电信普遍服务的财政支持力度和强化市场化运作机制，不仅大幅提升了偏远和贫困地区的宽带覆盖率，而且跨越铜线电缆阶段，直接铺设光纤宽带和 4G 基站，使其在通信基础设施上基本实现了与城市的"同网同速"。近年来，国家不断加大对农村电商基础设施建设的支持力度，推动农村电商实现了跨越式发展，淘宝村数量由 2009 年的 3 家增加至 2022 年的 7780 家，13 年间增长了 2592 倍。

二　数字经济对乡村振兴的负向效应

1. 技术垄断与马太效应

研究表明，技术创新会通过技术垄断和市场垄断加大收入分配差距。一方面，受数据要素占有使用不均衡、数据要素的规模报酬递增、网络平台作为双边市场所具有的网络外部性等特征影响，数字技术在形成市场垄断方面具有特殊优势，使得最先进入市场者具有后进入者无法超越的竞争优势，并形成巨无霸式的垄断。这种由数字技术特性所造成的行业垄断不仅将抑制创新和损害经济活力，而且会在收入分配方面形成"赢者通吃"的局面。② 例如，平台企业可以借助自己的行业垄断地位和技术优势实施损害劳动者权益的用工模式和不利于平台内中小微企业的利益分成机制。另一方面，数字基础设施、数

---

① OECD Report to G‑20 Finance Ministers. Achieving inclusive Growth in the Face of Digital Transformation and the Future of Work［R/OL］. 2018.

② 袁志刚:《东西方文明下数字经济的垄断共性与分殊》,《探索与争鸣》2021 年第 2 期，第 5~8 页。

字素养等方面的差距造成的"数字鸿沟"也可能形成马太效应，进一步拉大区域城乡发展差距和社会贫富差距。例如，有研究发现，电子商务的发展虽然总体上有助于农民增收，却加剧了农户内部的收入差距。[①]

2. 劳动替代与就业挤出效应

技术进步带来的劳动与就业影响是复杂且非中性的。一方面机器对劳动或部分劳动的替代会造成就业挤出或降低劳动者收入；另一方面新技术的应用和普及会创造新的就业需求和更高的劳动报酬，一定程度上补偿前者带来的就业损失。总体而言，技术进步带来的就业结构的调整会对低技能劳动者造成更大冲击，使其失去工作或减少收入，进而进一步拉大不同职业和劳动技能群体间的收入差距。从这个意义上说，数字经济的发展，特别是人工智能等新一代信息技术的普及可能会造成更为普遍的劳动替代，进而给数字素养和劳动技能水平相对较低的农村居民带来更大的就业冲击，对乡村振兴和共同富裕目标形成挑战。

---

① 曾亿武、郭红东、金松青：《电子商务有益于农民增收吗？——来自江苏沭阳的证据》，《中国农村经济》2018 年第 2 期，第 49~64 页。

第三章
数字经济与乡村产业振兴

产业振兴是乡村振兴的重要内容，是生态振兴、文化振兴等其他事业振兴的基础。深入探究数字经济推进乡村产业振兴的机理、明晰有效实施路径并提出有针对性的对策建议，对于全面推进乡村振兴具有重要现实意义。本章在文献综述的基础上提出了数字经济促进乡村产业振兴的作用机理和实现路径。我们认为，数字经济促进乡村产业振兴的机理可以概括为：拓展农村产业生产可能性边界，增加产品（服务）供给；缓解信息不对称，提高产品（服务）质量和安全水平；节约生产成本和交易成本，降低产品（服务）价格；稳定生产预期和畅通销售渠道，优化乡村产业发展环境；催生新产业新业态新模式，扩展乡村产业生态系统。数字经济促进乡村产业振兴主要通过两条路径来实现：一是"农业+"，这是以农村主体产业即农业为出发点，经过数字经济为农业产前、产中、产后"赋能"，农业生产发生质的飞跃，农业的质量和效益进一步提高；二是"数字+"，这是以数字经济为出发点，通过数字经济广泛作用于乡村产业，从"纵向"延伸农业产业链，从"横向"推动农业与旅游、文化、教育、康养、环保等产业融合，并催生乡村新产业、新业态、新模式，推动乡村产业转型发展，实现产业融合和城乡融合，促进农村经济社会高质量发展。本章进一步分析了当前数字经济促进乡村产业振兴存在的问题与障碍，并提出了相应的对策建议。

第一节　文献综述

近年来，学界对于数字经济如何赋能乡村产业振兴开展了研究，相关研究围绕现实价值、作用机制、取得成效、问题障碍、路径对策等方面展开。周新德、周杨认为数字经济的发展为乡村产业振兴提供了契机、注入了新动能，数字经济可以通过产业成本节约、产业效率提升、农产品质量变革、产业结构升级和一二三产业融合 5 个机制促进乡村产业振兴，但存在基础较薄弱、产业数字化水平不高、数字技术供给不足、人才资源短缺、发展环境有待改善等问题①。完世伟、汤凯认为，数字经济在乡村产业专业化、融合化、信息化、集约化、绿色化发展中发挥着关键性作用，能从效率提升、产业变革、结构优化等方面赋能乡村产业振兴，但存在数字化转型能力不强、要素协同运转不通畅、数字基础设施不完善、数据共享机制不健全以及产业衔接不充分等制约②。杨梦洁认为数字经济具有高渗透、高价值、高技术、非竞争性，通过发挥数字重生赋能效应、数字融生平台效应、数字增生长尾效应、数字新生蝶变效应，为城乡产业链深度融合与升级注入新动力③。王定祥、冉希美通过计量经济分析认为，农村数字化有利于促进农村产业融合发展，具体机制主要是延伸农业产业链条、

① 周新德、周杨：《数字经济赋能乡村产业振兴的机理、障碍与路径研究》，《粮食科技与经济》2021 年第 5 期，第 21～26 页。
② 完世伟、汤凯：《数字经济促进乡村产业振兴的机制与路径研究》，《中州学刊》2022 年第 3 期，第 29～36 页。
③ 杨梦洁：《数字经济驱动城乡产业链深度融合的现状、机制与策略研究》，《中州学刊》2021 年第 9 期，第 28～34 页。

拓展农业多重功能、发展农业新兴业态与培育产业融合主体[①]。吴晓曦认为，当前智慧农业生产、电子商务、金融科技等数字技术在推动乡村多业态融合与产业结构重塑方面卓有成效[②]。赵成伟、许竹青认为，实现乡村振兴，数字乡村建设是关键路径之一，数字乡村拆分成"数字+乡村"，叠加虚拟的"数字世界"和现实的"物理世界"，形成乡村建设领域的"数字孪生"现象，通过构建一个包括市场、组织、技术三者的闭环逻辑，论证"原生数字化"和"转基因数字化"是推进数字乡村建设的两种路径[③]。赵德起、丁义文探究了数字化推动乡村振兴的内外机制，内以数字资源与技术驱动农民数字化改造、产业数字化与数字产业化发展，外以数字经济、数字社会、数字政府为主力加速全域数字化协同共生的环境建设，推动乡村全面振兴[④]。谢文帅等提出了数据要素、平台化经济组织与数字化治理分别推动农村生产力、生产关系与上层建筑的发展与变革的观点，解析数字乡村建设的内在机理与衔接机制[⑤]。

综合来说，既有文献集中在最近两三年出现，众说纷纭，对于数字经济如何促进农业农村发展、推进数字乡村建设等进行了有益阐释，但总体而言，存在相关概念不太清晰、对作用机制解释学理性不足、提出的路径难以实现等问题。

基于此，本章首先在厘清数字经济和乡村产业概念与范围的基础

---

① 王定祥、冉希美：《农村数字化、人力资本与乡村产业融合发展——基于中国省域面板数据的经验证据》，《重庆大学学报》（社会科学版）2022 年第 2 期，第 1~15 页。

② 吴晓曦：《数字经济与乡村产业融合发展研究》，《西南金融》2021 年第 10 期，第 78~88 页。

③ 赵成伟、许竹青：《高质量发展视阈下数字乡村建设的机理、问题与策略》，《求是学刊》2021 年第 5 期，第 44~52 页。

④ 赵德起、丁义文：《数字化推动乡村振兴的机制、路径与对策》，《湖南科技大学学报》（社会科学版）2021 年第 6 期，第 112~120 页。

⑤ 谢文帅、宋冬林、毕怡菲：《中国数字乡村建设：内在机理、衔接机制与实践路径》，《苏州大学学报》（哲学社会科学版）2022 年第 2 期，第 93~103 页。

上，从经济学角度探讨数字经济促进乡村产业振兴的内在机理，从"农业+""数字+"两个层面分析数字经济赋能农业生产经营和乡村产业转型与融合的实现路径；进一步分析当前数字经济促进乡村产业振兴存在的问题与障碍，最后提出了对策建议。

第二节　数字经济促进乡村产业振兴的机理分析

关于数字经济的概念及内涵，学术界有不同的理解。本章采用国家统计局《数字经济及其核心产业统计分类（2021）》（国家统计局令第 33 号）中关于数字经济的概念和界定，即：数字经济是指以使用数字化的知识和信息作为关键生产要素、以现代信息网络作为重要载体、以信息通信技术的有效使用作为效率提升和经济结构优化的重要推动力的一系列经济活动。从产业统计和分类的角度看，上述文件将数字经济的产业范围确定为：01 数字产品制造业、02 数字产品服务业、03 数字技术应用业、04 数字要素驱动业、05 数字化效率提升业等 5 个大类。数字经济包括数字产业化和产业数字化两大部分，其中，第 01~04 大类为数字产业化部分，对应数字经济核心产业；第 05 大类为产业数字化部分，是数字技术与实体经济的融合。本章所指的乡村产业，除了农业（农林牧渔业）之外，还包括留在农村发展、农民和农民工直接就业、为农村经济发展直接服务的农村工业、商贸、旅游、文化、教育、康养、环保等产业。我们认为，数字经济促进乡村产业振兴就是以数据为核心生产要素、以数字技术为主要驱动力、以现代信息网络为载体，充分发挥信息技术创新的扩散效应、信息和知识的溢出效应、数字技术释放的普惠效应，加快推进乡村产业现代化，进而推动乡村全面振兴和提升乡村整体价值的过程。

通过数字技术和数据要素的引入，经过数字经济赋能后的乡村产业，无论是在产品（服务）数量、质量和价格，还是在产品（服务）品种种类方面均有显著变化，也就是实现产品（服务）供给增加、质量提高、价格下降和品种种类更加丰富。与此同时，数字经济还助力稳定生产预期和畅通销售渠道，优化乡村产业发展环境，催生新产业新业态新模式，扩展乡村产业生态系统，促进乡村产业现代化和高质量发展。

1. 拓展生产可能性边界，增加产品（服务）供给

生产可能性边界是指在既定资源和技术条件下所能生产的各种商品最大数量的组合。在数字经济时代，数据成为最具基础性和战略性的生产要素。数据要素具有非竞争、非排他、传输快、可无限供给等特点，打破了传统生产要素对生产活动的制约。党的十九届四中全会通过《中共中央关于坚持和完善中国特色社会主义制度推进国家治理体系和治理能力现代化若干重大问题的决定》，明确将数据与劳动、资本、土地、知识、技术和管理等生产要素并列，为充分发挥数据资源价值指明了方向。随着数据资源的引入和数字技术的采用，乡村产业的生产函数得以重构，乡村产业的生产可能性边界将大大拓展，产品（服务）产量和品种种类得以增加和丰富。

数字经济可以从多方面拓展乡村产业的生产可能性边界，比如，利用数字技术对农业生产环境进行控制，通过对育种信息的数据化分析，提升育种效率和质量；利用传感器采集农业数据，并通过数字技术分析、计算、组织农业生产，实现精准化种植、可视化管理；利用数字技术实时监测农作物病虫害情况，有助于病虫害防治初期预警、精确诊断、对症下药；智能农机设备、农业机器人等的开发利用使农业生产过程实现自动化、规范化、智能化，提高了农业生产效率。又如，数据要素流动突破了传统农业上下游产业链间的信息壁垒与数据孤岛，电商平台与农业的融合有助于从需求端刺激农业生产，实现精

准营销、个性定制，打造农产品品牌，挖掘特色农产品价值。此外，数据要素的使用会产生一系列模仿、交流、带动和激励作用，对技术推广、知识扩散等具有明显溢出效应，有助于提高数字技术生产效益，实现乡村发展互利共赢。

2. 缓解信息不对称，提高产品（服务）质量和安全水平

数字技术和互联网平台的应用可以解决农业生产、涉农产品购销领域的信息不对称问题，提高产品（服务）质量和安全。互联网提供了大量新的质量信号，通过将分散和个性化的信号聚合起来，例如，许多网站都建立了用户评论、信誉评价、信用查询及问责制度等，以解决信息不对称问题，帮助客户和消费者做出选择，为那些表现良好的企业赢得更多机会①。电商平台通过提供第三方担保服务，实现消费者自由退货，进一步减轻了线上购物时信息不对称给消费者带来的影响。

大数据、物联网、区块链等现代信息技术的推广使用，可实现农产品产前、产中、产后全过程的质量安全控制，全面提升农产品质量安全管理水平。通过建立农业投入品电子追溯监管体系，推动化肥农药减量使用，从源头上减少农产品农药残留和环境污染。应用农产品条码制度或视频追溯系统，实现生产记录可存储、产品流向可追踪、储运信息可查询，使农产品质量安全追溯成为现实。数字技术和数字管理系统的应用，有力地解决了农产品、食品领域信息不对称问题，解决长期以来我国"从田间到餐桌"的食品安全问题。数字化使得信息透明，解决了"劣币驱逐良币"问题，无公害、绿色、有机产品更受青睐，实现了优质优价。

3. 节约生产成本和交易成本，降低产品（服务）价格

在农业生产方面，智能设备的采用如航空植保、智能农机设备在

---

① 江小涓：《高度联通社会中的资源重组与服务业增长》，《经济研究》2017年第3期，第4~17页。

播种、灌溉、喷药、收割等农业生产过程中的广泛应用，一方面，有助于实现精准作业，节约用水、用肥、用药及降低植保成本，另一方面，将部分农村劳动力从农业生产中解放出来，大大节省了农业生产的劳动力成本与时间成本。在物资采购和产品销售方面，电子商务、大数据等数字技术和平台的应用，降低了交易中的搜寻、谈判、签约、交通运输等交易成本。如电子商务的应用，导致"中间环节的消失"和"距离的死亡"，一方面为农业经营主体提供了更便捷的获取生产资料渠道和产品销售渠道，另一方面，显著地降低了搜寻成本、交通成本、仓储费用等，加快了供应商与消费者的匹配，这些对于地处偏远农村地区的产业发展而言则更加有利。生产成本和交易成本的节省和降低，传导到消费终端，就是促进产品（服务）价格的下降，有利于提高全社会福利水平。

4. 稳定生产预期和畅通销售渠道，优化乡村产业发展环境

数字技术的采用，可以有效规避农业生产掉入发散型"蛛网模型"陷阱。蛛网模型显示商品的当期需求量决定于当期价格，而当期价格又影响下一期的供给。粮食、生猪等农产品需求的价格弹性小，供给的价格弹性则相对较大，此时价格变动引起的供给量变动大于需求量变动；当出现供过于求时，为使市场出清，价格按需求曲线下降，导致下一年供给减少（由于供给弹性较大）而出现供应短缺；供应短缺又导致该年成交价格上升，从而使次年供应量更大幅度提高。这种失衡状态在竞争机制下不能恢复均衡，只会越来越向外发散，损害农产品生产者的利益。大数据、电子商务等数字技术和平台经济的推广应用使得信息更加充分、精准、透明，消费者的需求更加明确，产出预测机制更为完善，从而避免农产品价格的大幅波动；且中间环节大大减少，使得传统销售模式下的"长鞭效应"——市场对产品的需求波动通过供应链层层放大，最终对生产源头造成很大的影响——得以控制，消费者需求波动造成的农产品供应不稳定性大大减少，有利于农产品生产者更好地组织生产。数字技术还使得农业生产能力大幅度增强，突破传统的"靠天吃饭"生产模式，形成相对稳定的农业生产条件。

数字经济时代，电子商务正介入乡村产业发展中，极大地拓展了乡村产业参与者范围，极大拓展了商品销售规模、品种范围、地域范围。电子商务平台可以将卖家和买家联系起来，提升供需两端的匹配度，推动乡村产业形成市场导向型的生产体系，由过去"农业生产什么就销售什么"转变为"农产品销售什么就生产什么"，打通了农产品销售的"第一公里"和"最后一公里"。电商平台还具有显著的"长尾效应"，使得"小众""冷僻"的产品也具有极大市场，这就使得曾经地处偏远、品种独特、产量稀少、销售成本高或难觅需求者的农产品也能顺利地被销售出去。所谓"长尾效应"，是指当产品和服务多样化的成本足够低时，那些个性化强、需求不旺、销量很低的产品和服务仍然能够在互联网平台"上架"，这些"小众""冷僻"的需求汇聚而成的市场份额，可以和那些少数热销产品所占据的市场份额相匹敌甚至更大。① 许多电商还采取明星、网红代言的方式开展营销，不仅扩大了乡村产业参与者范围，许多明星、网红的小品牌还通过网络直播的形式先吸引粉丝消费，继而扩大消费群体。

5. 催生新产业新业态新模式，扩展乡村产业生态系统

数字经济在推动现代农业与先进制造业和现代服务业融合发展方面起到关键性作用，这有利于扩展乡村产业生态系统，使乡村产业发展不再局限于农业，乡村产业振兴也不再局限于农业技术进步和农业内部结构调整，而是使农业与农村工业、商贸、旅游、文化、教育、康养、环保等实现融合发展，极大丰富产品（服务）品

---

① 江小涓：《高度联通社会中的资源重组与服务业增长》，《经济研究》2017年第3期，第4~17页。

种种类。

数字经济拓展乡村产业生态系统，有利于化解乡村的长期单一产业发展所隐藏的产业风险。这样，乡村产业不再是在"农产品—农产品加工—食品"的单一线性链条上发展，而是一二三产业融合发展，如形成"农产品—医药原料—生物制药""休闲农业—旅游—住宿、餐饮""农业观光—直播网红—产品销售""现代农业—生物育种—科普教育"等更加多元的产业链条和网络型产业发展路径，有效规避产业单一发展路径的风险。并且，丰富的乡村产业生态系统和发展前景将极大吸引城市资本、人才流入，形成乡村产业发展内生动力，助推乡村产业振兴。

第三节　数字经济促进乡村产业振兴的
实现路径

基于上述机理分析，我们认为数字经济促进乡村产业振兴主要通过两条路径来实现：一是"农业+"，这是以农村主体产业即农业为出发点，经过数字经济对农业产前、产中、产后"赋能"，农业生产发生质的飞跃，农业的质量和效益进一步提高；二是"数字+"，这是以数字经济为出发点，通过数字经济广泛作用于乡村产业，从"纵向"延伸农业产业链，从"横向"推动农业与旅游、文化、教育、康养、环保等产业融合，并催生乡村新产业、新业态、新模式发展，推动乡村产业转型发展，实现乡村产业融合和城乡融合，促进农村经济社会高质量发展（见图3-1）。

一　数字经济助推"农业+"发展，提升农业的质量和效益

乡村产业的主体是农业，数字经济促进乡村产业发展，首先是促

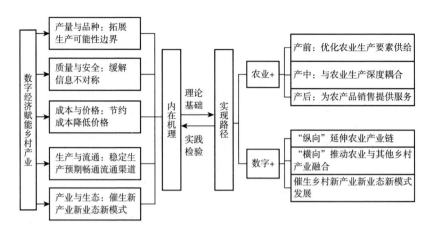

图 3-1　数字经济促进乡村产业振兴的机理与路径

资料来源：作者绘制。

进农业生产经营、提高农业经济效益。由于数字经济的介入，传统的农业出现"脱胎换骨"的变化。数字经济对农业产前、产中、产后"赋能"，助推"农业+"发展，不断提升农业生产的质量和效益。

下面分产前、产中、产后三个阶段对数字化助推"农业+"发展进行阐述，采用列举法对代表性的做法进行分析。事实上，这仅仅是为了叙述上的方便而作如此安排，因为更多的时候，数字经济对产前、产中、产后全程赋能而发挥更大的威力，比如，在解决农产品质量和安全问题时，就是综合运用大数据、物联网、区块链等现代信息技术建立农产品质量安全追溯管理信息平台，开展农产品产前、产中、产后全过程的质量安全控制，实现从"田间到餐桌"的全程可追溯。

1. 产前：数字经济优化农业生产要素供给

（1）农业生产要素数字化，改善农业生产条件。随着大数据、信息技术的快速发展，土地、水源、气候、劳动力等农业生产要素信息不断被收集整合并实现信息共享，成为评估农业生产条件及新的农业生产选址的重要依据。目前，我国已建立起土地利用、水资源分布、土壤类型、地形地貌等多个自然要素数据库，如土壤科学数据库、水资源管理网，并设专门部门管理。农业农村大数据建设积极推进，已建成重点农产品市场信息平台，开展涉农数据共享、单品种全产业链大数据中心建设，为新型农业经营主体、小农户提供劳动力情况、生产销售情况与市场价格等社会信息服务。农业生产要素数字化，将显著改善农业生产条件。

（2）数字普惠金融，帮助解决农业融资困难。长期以来，农村金融资源匮乏，乡村产业融资困难，而数字普惠金融利用大数据等现代信息技术手段，以其普惠性、便捷性、共享性和低成本的特征，有效地解决了小微企业、个体农户"融资难、融资贵、融资慢"难题。近年来，随着数字普惠金融服务的发展，我国农村地区移动支付业务增长迅速。2020年，银行业金融机构共处理农村地区移动支付业务142.23亿笔，同比增长41.41%；非银行支付机构共处理农村地区网络支付业务4670.42亿笔，同比增长5.99%[①]。此外，中国农业银行创新推出"惠农 e 贷"App，农户贷款、审批、发放、还款线上完成，有效提升了农户贷款办理效率，截至2020年末，农业银行"惠农 e 贷"余额3534亿元，授信户数274万户[②]，为农业数字化创新发展提供了有力支持。蚂蚁集团联合政府、金融机构、村淘等，建立了包括信贷、保险、支付在内的数字化服务平台，为农民提供无抵押、免担保的数字贷款。

2. 产中：数字技术与农业生产的深度耦合

（1）生产智能化，提高农业生产效率。借助人工智能、大数据、

---

① 中国人民银行金融消费权益保护局：《中国普惠金融指标分析报告（2020年）》[R/OL]．[2021-9]．http://www.pbc.gov.cn/goutongjiaoliu/113456/113469/4335821/2021090816343161697.pdf.

② 《中国农业银行：书写金融服务乡村振兴新篇章》[N/OL]．[2021-3-10]，搜狐网，https://www.sohu.com/a/714803068_121687414。

卫星遥感系统等数字技术在农业灌溉、收割、气象、温湿度控制、土壤监控各环节的应用，帮助实现精准农业、现代设施农业等。比如，利用智能设备结合收集到的温度、湿度、气象等数据，建立智能灌溉、精准撒药、合理施肥、土壤探测、农田遥感等智慧农业管理系统，实现农业精准管控，合理调整农业生产布局，降低农业生产成本。

（2）经营管理数字化，提升经营管理决策水平。这方面的例子有很多，比如，利用大数据、物联网对海量农业情报、市场变动等信息的收集与整合，提高农业经营主体利用数据信息的便捷性与准确性，规避生产风险；在收集整合相关数据的基础上，搭建数字信息决策系统，基于"数据+算法+算力"进行科学决策，帮助农业经营主体实现精准判别、快速响应，提高生产效率与明确决策实施靶向；利用数字技术架构农业主体培训平台，提高农业经营者现代化生产技能与决策水平；依托信息遥感、卫星监测、互联网等现代信息技术，探索建立农业保险数据库；开展自然资源数字化建库工作，明晰农村资源权属，对农业资源进行数字化管理。

3. 产后：数字平台为农产品销售提供全方位服务

（1）拓展农产品销售渠道。随着互联网、数字支付方式的发展，农村电子商务打破了农业销售的地理和信息障碍，正在改变着传统农产品的流通销售格局。一是通过拓宽特色农副产品的网络销售渠道，积极利用淘宝网、京东网、拼多多等主流平台，实现"互联网+"农特产品全渠道销售。二是通过网络直播、淘宝直播、抖音等平台，积极探索直播营销新模式，开辟出巨大的消费潜力，促进了农产品商业化进程。三是电子商务发展情况较好的淘宝村、淘宝镇，积极发挥自身优势，培育一批网络零售、农产品供应龙头企业及农民合作社，以强化他们对小农户的带动作用，为农村电商更好更快发展提供基础。农业农村部数据显示，2020年全国农产品网络零售额 4158.9 亿元，同比增长 26.2%[①]。作为我国最大的电商企业，阿里将平台延伸至农村，提升了农产品流通效率。2021 阿里农产品电商报告显示，2020 年阿里平台实现农产品销售额 3037 亿元，比上年增长超过 50%[②]。

（2）解决"最后一公里"难题。电商服务站点、冷链物流配送中心、农产品集散中心等的建设，对于实施"快递下乡"工程和农产品配送"最后一公里"工程，培育线下农产品生产、收储、加工、销售实体，落实"农超对接、农市对接"举措，广泛建设加盟店、专柜店、无人店等具有重要意义。截至 2020 年底，全国已建有电商服务站点的行政村有 40.1 万个，共建有电商服务站点 54.7 万个，覆盖率达到 78.9%[③]。

二　通过"数字+"拓展产业链和产业生态，促进乡村产业转型与融合

在数字技术作用下，不仅农业的产业链不断得以延伸、进行数字化转型，而且农村工业、商贸、旅游、文化、教育、康养、环保等其他农村产业的产业链也不断得以延伸、进行数字化转型，其结果是产业边界、地域边界日益模糊，新产业新业态新模式不断涌现，呈现产业融合、城乡融合发展态势。

1. 数字经济"纵向"延伸农业产业链

数字经济"纵向"延伸农业产业链，就是将数字技术与现代产

---

① 《拓展农业多种功能　提升乡村多元价值——农业农村部乡村产业发展司负责人就〈关于拓展农业多种功能　促进乡村产业高质量发展的指导意见〉答记者问》[EB/OL].[2021-11-18]，农业农村部网站，http：//www.xccys.moa.gov.cn/gzdt/202111/t20211118_6382484.htm.

② 农业农村部管理干部学院、阿里研究院：《农产品电商出村进城研究：以阿里平台为例》[R/OL].[2022-2].https：//www.zhiyanbao.cn/index/partFile/1/aliresearch/2022-02/1_37951.pdf.

③ 农业农村部市场与信息化司、农业农村部信息中心：《2021 全国县域农业农村信息化发展水平评价报告》，2021。

业运营方式导入农业全产业链、全价值链。农业产业链以农产品为核心要素与构成，是农业生产、加工、储运、销售、服务等环节紧密衔接、耦合配套的有机整体。农业产业链可分为上、中、下游三部分，上游是为生产准备的水肥、农药、农机等产品投入，在数字经济时代新增数字要素投入；中游包括种植养殖与产品加工环节，在利用数字技术推动智慧种养的基础上，发展食品、皮革、木材等产品加工工业，积极创建农产品数字工厂，做精、做强农产品深加工，推动农产品升值增效；下游主要包括产品储存、流通、销售等环节，数字技术的快速发展创造了农村电商、直播带货等新的商业模式，催生中央厨房、农商直供、直供直销、个人定制、会员制等新业态，使产品在更大范围、更高层次上优化配置。

数字技术的发展使农业产业链各环节实现了智能数据化与服务精准化，不仅有利于数据资源共享、知识技术传播，还使农业生产加工主体与市场紧密联系，在提升各环节效率的同时延伸农业产业链，推进全产业链融合发展。这一过程中所涉及的农业科技研发、农业技术咨询、农机制造、农产品电商服务等领域不断拓宽，逐步形成种植基地农产品加工制作—仓储智能管理—全渠道平台营销体系，培育了一批农业产业化龙头企业、农业合作社等新型农业经营主体，这些新型农业经营主体应用、创新数字技术的能力强，在引导生产、深化加工、开拓市场、提升附加值等方面发挥着重要作用，成为农业全产业链中占据优势地位的市场主体。

2. 数字经济"横向"推动农业与旅游、文化、教育、康养、环保等产业融合

以数字技术为手段，当代产业发展的趋势是产业边界日益模糊、跨界融合成为常态。在数字经济驱动下，乡村产业中的农业与旅游、文化、教育、康养、环保等产业之间日益融合。比如，在乡村旅游方面，近年来乡村智慧旅游服务不断强化，各旅游景点、观光园区、特色村、农家乐、精品民宿等数字服务能力逐步提高，建设了旅游产品网络展示与预定平台、景区 VR 展示系统、语音导览系统、智能互动系统等，利用网络直播和短视频推介特色旅游项目，建设旅游特色小镇、观光农业示范园等。

又如，在农村环保领域，利用云计算、物联网、人工智能、3S（遥感技术 RS、地理信息系统 GIS 和全球定位系统 GPS 的统称）等信息技术手段，可以对土地、水源等进行监测，强化资源保护与节约利用，推动绿色农业发展；通过肥、药、机、大数据集成，实现有机质安全、高效、标准化还田，加速餐厨废弃物、粪便、秸秆的转化利用；针对当地土壤、作物及市场需求，构建配肥体系，实现"精准施肥"，减少化肥使用量，保护耕地质量。

3. 数字经济催生乡村新产业、新业态、新模式发展

（1）新产业蓬勃发展。随着数字经济发展，数据成为推动经济发展的关键要素，数字领域的关键核心技术得到新突破，5G、人工智能、物联网、电子商务等数字产业对农村发展的贡献日益增加。越来越多的乡村利用大数据及物联网等技术，搭建数字农业平台、农业数据中心，建设农村电商公共服务中心、物流服务网点，推动农村数字新产业蓬勃发展。商务部数据显示，2021 年全国农村网络零售额达 2.05 万亿元，同比增长 11.3%[①]，其中不仅包括农产品，还包括由农产品衍生出的农产品加工、食品餐饮、服饰家装、在线旅游等产业，电商平台为农村创造了新价值，提升了乡村品牌影响力，有力推动了乡村产业振兴。

（2）新业态加速涌现。随着云计算、大数据、物联网、人工智能在农业生产经营管理中的运用，新一代信息技术与种植业、种业、畜牧业、渔业、农产品加工业全面深度融合应用，科技农业、智慧农

---

① 《商务部召开例行新闻发布会（2022 年 1 月 27 日）》［EB/OL］.［2022-01-27］，商务部官网，http：//www.mofcom.gov.cn/xwfbh/20220127.shtml。

业、品牌农业、智慧农（牧）场、精准化农（牧）业方兴未艾；互联网与特色农业深度融合，创意农业、认养农业、观光农业、都市农业等新业态不断发展，促进了游憩休闲、健康养生、创意民宿等领域的产业繁荣。

（3）新模式不断突破。农村电子商务、网络直播、短视频等新营销模式带动订单农业、共享农场、云农场发展，产品销售渠道大大拓宽，前置仓、店仓一体化、社区团购、门店到家、冷柜自提等新零售模式有效提升了流通效率，促进乡村消费升级；大众参与式评价、数字创意漫游、沉浸式游览等在线经营模式打造旅游观光新体验，同时进一步提升乡村原生态的自然景观、低密度的建成环境与多样化民风、民俗等"异质性"价值，促进农村优势特色产业发展。

第四节　存在的主要问题与障碍

当前，我国农村经济社会现实从供给和需求两个方面制约着数字经济在乡村的发展，使得数字经济对乡村产业振兴的赋能效应难以实现。

一　供给侧存在诸多短板，导致农村数字经济驱动力不足

从农村数字经济发展的供给侧来看，数字金融、数字技术、数字人才以及数据资源的供给都存在不同程度的技术短板或现实约束，尚未对农业生产的数字化转型和产业融合发展形成充分和有效的支撑。

1. 资金投入不足，乡村产业弱质性难以吸引社会资本

从资金层面看，农村发展长期存在"资金缺口"，而数字金融难以在短期内解决农村传统金融固有的问题与矛盾，如农村征信体系不健全导致的信贷信息成本问题，农村产业长周期低回报与金融资本逐

利性之间的矛盾等。乡村产业弱质性意味着数字技术在农村产业中的应用需要大量的资金投入和漫长的回收周期（包括基础设施建设、购买设备、管理运营、后期维护、培育人才等），全部依靠财政资金解决不太现实，而一般农户甚至合作社、企业、村集体无法承担高昂的数字建设成本，制约乡村数字产业发展。

2. 农业数字技术有短板，技术支撑能力不足

从技术层面看，我国智能装备总体发展水平仍处于起步阶段，农业生产的大型化、智能化、信息化等机械设备应用率不高，且缺乏数字农业领域的基础性与原创性研究。我国数字农业技术整体上与发达国家差距在 10 年以上，特别是在农业传感器、农业人工智能、农业机器人等方面，差距更大[①]。研究表明，我国自主研发的农业传感器数量不到 10%[②]，且稳定性差，智能感知系统灵敏度不高，终端远程控制系统和执行控制指令系统精确性不足，一些高端智能化农机设备主要依赖进口。与数字农业发达国家相比，数字技术与农业融合的广度和深度还有很大差距。

3. 农村数字技术人才奇缺，数字人才"下乡"力度不够

从人才角度看，随着我国城镇化进程的加快和农村人口老龄化的加剧，农村剩余劳动力掌握新技术的能力较差，专业的数字技术人才短缺。尽管数字经济给乡村发展带来的创业和就业机会带动了一些数字人才的"返乡"和"下乡"，但与其所创造的城市非农就业机会所吸纳的农村年轻劳动力相比，前者在数量上毕竟只是少数。统计数据显示，2020 年全国各类返乡入乡创业创新人员达到1010 万人；实现就地就近就业的返乡留乡人员 1900 万人，两项合

---

① 农业农村部发展规划司：《发展智慧农业，建设数字乡村》，2020。
② 赵春江：《智慧农业发展现状及战略目标研究》，《智慧农业》2019 年第 1 期，第1~7 页。

计接近 3000 万人①；而同期全国农民工总量为 2.86 亿人，是前者的近 10 倍。目前来看，更大规模的数字人才反哺乡村主要还需借助政策而非市场的力量。

4. 数据资源获取、分析、应用与共享能力不足，数据"孤岛化"问题严重

从数据资源的供给看，农业农村大数据面临关键核心技术的原始创新能力不足，农业数据获取、分析、应用与共享能力不足等多重挑战②。很多大数据平台仍然停留在数据采集、粗加工的层面，数据要素价值的深度发挥依然存在较大限制。农业农村数据分享体系建设滞后，数据"孤岛化"问题成为制约数据资源发挥积极作用的重要技术挑战和体制壁垒。

二 需求侧存在制约因素，导致乡村产业数字化转型乏力

从对乡村产业数字化转型的需求侧看，低集约化、高同质化的小农经营模式和低学历、高龄化的农村劳动力结构，较大程度上抑制了信息技术和数字经济在农业农村的作用空间和发展潜力。

1. 低集约化、高同质化的小农经营模式不利于数字技术在农村推广应用

长期以来，随着城市非农就业机会的增加，低集约化、高同质化的小农经营的不经济性日益凸显。然而，受传统重农观念以及城市非农就业不稳定性等因素影响，农民土地流转意愿不高，已成为制约农村土地规模化和集约化经营的重要因素。数据显示，我国现有农户

---

① 农业农村部信息中心、中国国际电子商务中心：《2021 全国县域数字农业农村电子商务发展报告》，2021。
② 孙九林、李灯华、许世卫等：《农业大数据与信息化基础设施发展战略研究》，《中国工程科学》2021 年第 4 期，第 9 页。

2.2 亿~2.3 亿户，50 亩以下农户耕地占全国耕地总面积的 80%①。农村土地规模化利用和集约化经营程度偏低，无论从投入的经济性、还是产出的规模性上，都不利于农业采用新的数字技术。

2. 低学历、高龄化的农村劳动力结构制约数字技术在乡村产业中的作用空间

有研究表明，农村劳动力结构高龄化问题日益严峻，受到全国人口老龄化进程深入和新型城镇化快速发展的影响，2020 年，全国农村 45 岁及以上大龄劳动力占 15~64 岁劳动年龄人口比重超过一半，达到 50.24%，近 10 年该比重增速高达 3.83%。②《2020 中国农村电商人才现状与发展报告》显示，目前农产品上行电商人群，仍以中等文化水平为主，其中初中文化占比为 50%，高中文化占比为 32.5%，大学及以上文化占比仅为 16.5%。该报告预测，到 2025 年，我国农村电商人才缺口将达 350 万人③。另有统计数据显示，截至 2020 年 5 月底，全国依法登记的农民合作社达到 222.5 万家，而当年全国开展网络销售的农民合作社数量仅为 2473 家，约 1000 家合作社中仅有 1 家开展网络销售业务④。上述数据表明，农村开展电商能力的不足可能是制约农产品线上销售渠道与规模的一个重要原因。相关监测数据显示，2020 年，我国县域网络零售额达 35303.2 亿元，其中县域农产品网络零售额为 3507.6 亿元，尽管农产品网络销售增长幅度超过

① 赵春江：《智慧农业发展现状及战略目标研究》，《智慧农业》2019 年第 1 期，第 1~7 页。
② 陆杰华、郭荣荣：《乡村振兴战略下农村劳动力老化：发展趋势、机理分析与应对路径》，《中国农业大学学报》（社会科学版）2023 年第 4 期，第 5~21 页。
③ 《〈农村电商人才报告〉：2025 年人才缺口将达 350 万，拼多多成最大人才兴农平台》[EB/OL]．[2020-06-10]．http://www.cb.com.cn/index/show/gx/cv/cv135211541334。
④ 农业农村部信息中心、中国国际电子商务中心：《2021 全国县域数字农业农村电子商务发展报告》，2021。

了前者，但其占前者的比重仍不到 10%①。低学历、高龄化的农村劳动力结构也在很大程度上制约了数字技术在农业生产经营中的作用空间。

第五节　对策建议

为充分发掘和释放数字经济促进农村产业转型与融合发展的潜力，我们认为政策重点应聚焦于上述供给侧和需求侧存在的主要问题与挑战，着力在以下几方面发挥支持与引导作用。

一　加快数字技术研发与创新，并创造条件促进数字技术在农业农村推广应用

应针对我国以小农经营为主的基本农情和农业传感器等关键共性技术领域存在短板等问题，一方面，加大国家对基础性和关键共性数字农业科技，特别是适合我国小农经济特点的智慧农业装备与技术的研发支持与攻关力度，提升数字技术供给的自主性和适用性；另一方面，从制度和政策层面加快推动农业农村大数据的开放共享，切实发挥数据资源对促进农业生产经营决策精准化、智能化的支撑作用；加快构建多元化的农业科技社会化服务体系，充分发挥数字技术在农业技术推广中的积极作用。

二　坚持审慎监管与扶持发展并重，充分发挥数字金融服务"三农"的优势

应坚持审慎监管与扶持发展并重，扬长避短，充分发挥数字金融

---

① 农业农村部信息中心、中国国际电子商务中心：《2021 全国县域数字农业农村电子商务发展报告》，2021。

服务"三农"的作用。一方面，在审慎监管原则下支持金融机构在农业农村领域提供创新性、普惠性的金融服务，充分发挥数字普惠金融在识别融资需求、降低融资成本、服务小微信贷等方面的优势。另一方面，为数字金融和社会资本在"三农"领域发挥作用创造更好的政策环境与产业生态。例如，在长周期、低回报农村产业项目中积极发挥财政资金、产业基金对社会资本的引导作用，探索实施PPP、产业链金融等多元化融资模式，引导和协同数字金融发挥作用，提高乡村产业发展的融资能力和抗风险能力。

三 强化人才支撑，打造数字人才体系

应从育才、引才和用才等多维度积极探索构建数字与科技人才反哺农村的长效机制，用长期性的制度性安排代替短期性的政策激励。在育才方面，应充分发挥政府、高校与企业在农村数字人才培育方面的互补作用，政府做好培育输送农村数字人才、提升农村居民数字素养的顶层设计与政策支持工作，高校特别是职业类院校聚焦对数字农业与农业科技综合性人才的培育，农业科技与平台型企业则专注于对农村电商等应用型人才的培训。在引才方面，建立高等院校、科研院所等事业单位数字技术人员到乡村挂职和兼职制度，持续开展数字人才下乡活动，普及数字农业农村相关知识。在用才方面，利用好"大学生村官"、驻村第一书记等资源，充分发挥其在网络、信息、技术等方面的知识储备优势和派出单位的资源优势，推进数字乡村建设。

四 优化土地资源供给，有效解决农村发展用地难题

一方面，继续加大对家庭农场、农民合作社、农业社会化服务组织等新型农业经营和服务主体的培育力度和政策支持强度，发挥其在辐射带动小农户、推动农业适度规模化经营中的引领作用；另一方

面，从推动城乡公共服务均等化以及提升农民非农就业社会保障等方面，强化农民对非农就业与社会保障的稳定预期，增强其土地流转的积极性，提高农村土地要素市场活力。

五　完善数字基础设施建设，优化产业发展环境

在基础设施与公共服务方面，政府部门除在农村网络、交通、冷链与物流等硬件基础设施领域继续加大投资力度，还应注重在政务服务、教育、医疗、社会保障服务的信息化以及涉农信息服务等软设施方面提升服务质量与集约化水平，缩小城乡差距，为农业转型与产业融合发展创造更加有利的硬件设施和软件服务环境。

第四章
数字经济与农民增收共富

　　增加农民收入不仅是"三农"工作的中心任务，也是缩小城乡收入差距、推进共同富裕的关键所在。数字经济的快速发展深刻改变了农村生产经营、农民就业创业以及农村基层政务服务的模式，为拓宽农民收入来源、推进共同富裕提供了新的机会。不同于已有研究侧重从农村电商、数字金融等数字经济特定形态探究其对农民增收和共同富裕的影响，我们考察数字经济整体对农民增收的综合效应及结构性特征，并从增收效应的区域、城乡和群体差异等角度判断数字经济在促进共同富裕方面的潜力。我们借助数字经济测度的最新研究成果和 2013～2020 年的省级面板数据开展实证研究，发现现阶段数字经济总体上能促进农民增收，且对四大收入来源存在差异化的增收效应。数字经济发展水平每提升 1 个标准差，农民的工资性、经营性、财产性和转移性收入分别提高 14.24%、8.91%、12.36% 和 15.74%。数字经济通过扩大保障性转移支付规模和提高转移支付效率两种传导机制对转移性增收发挥正向作用。当前阶段，数字经济对低收入农民群体的增收效应要高于高收入群体，对农民的增收效应要高于城市居民，因此缩小了农民群体内部以及城乡居民的收入差距、进而对推动共同富裕产生积极作用。但从长期看，数字经济对城乡收入差距的影响呈正"U"形态势，即数字经济发展将使城乡收入差距呈现先缩小、后增大的变化趋势。异质性分析显示，中西部地区会比东部地区更早触及曲线拐点，这意味着数字经济发展可能会使中西部地区更早出现城乡收入分化风险。我们从加大农村产业数字化转型的政策支持力度、加大对农民数字素养和职业技能培训以及挖掘数字政府包容性潜力三个方面提出了对策建议。

第一节　引言

增加农民收入不仅是"三农"工作的中心任务，也是缩小城乡收入差距、推进共同富裕的关键所在。党的十八大以来，习近平总书记曾在多个场合强调，"农业农村工作，增加农民收入是关键"。在2022年中央农村工作会议上，习总书记进一步强调："要坚持把增加农民收入作为'三农'工作的中心任务，千方百计拓宽农民增收致富渠道。"① 为贯彻中央农村工作会议精神，2023年中央一号文件就"拓宽农民增收致富渠道"这一重点任务做出了专项部署，着力从促进农民就业增收、促进农业经营增效、赋予农民更加充分的财产权益等方面保障农民收入来源多元化和收益长效化。2024年中央一号文件将"强化农民增收举措"作为"三农"工作的重点任务，提出要实施农民增收促进行动。

数字技术所引发的经济社会变革，特别是数字经济的快速发展深刻改变了农业生产经营、农民就业创业以及农村基层政务服务模式，为拓宽农民收入来源、推进共同富裕提供了新的机会和途径。充分认识数字经济对农民增收的理论潜能、作用机制和影响路径，有效发挥数字经济对农民增收致富的积极作用，是数字化时代扎实推进共同富

---

① 《习近平出席中央农村工作会议并发表重要讲话》［EB/OL］．［2022-12］，中国政府网，https://www.gov.cn/xinwen/2022-12/24/content_5733398.htm。

裕的重要课题。理论研究和历史经验表明，技术进步所引发的产业变革对劳动就业和收入分配的影响十分复杂。就数字经济而言，一方面，数字技术的平台效应、赋能效应等将给中小企业和包括农民在内的弱势群体带来数字红利，进而促进经济发展的包容性和社会公平；另一方面，平台经济发展造成的市场垄断风险、人工智能等新一代数字技术及其应用所造成的就业替代和劳动挤出效应也可能拉大区域、城乡、行业及不同群体间的收入差距，进而给农民增收和共同富裕带来消极影响。因此，从理论上充分认识数字经济对农民增收影响的复杂性、厘清数字经济在农民增收效应上的结构性差异并开展实证研究，不仅有助于在学术上深化对数字经济的普惠性和包容性潜能的认识，而且有助于在实践中更好把握现阶段我国数字经济发展对农民增收致富所产生的综合性影响与结构性特征，为进一步发挥数字经济的积极作用、抑制其可能产生的消极影响、提高政策支持和措施应对的针对性与有效性提供理论依据和经验支撑。

近年来，国内学术界从信息基础设施、数字普惠金融、农村电子商务、农民数字素养等角度开展大量理论和实证研究，从不同维度论证了数字经济在促进农民增收、缩小城乡收入差距等方面的正面作用。例如，许竹青等基于海南省农户调查问卷的研究，发现"农信通"服务通过有效信息供给提升了农产品价格，促进了农民增收。[①]程名望等研究发现，互联网普及对农民具有更显著的增收效应，进而缩小了城乡收入差距。[②]张勋团队运用北京大学数字普惠金融指数和中国家庭追踪调查（CFPS）数据开展的多项实证研究发现，数字金融能通过提高支付便利性、缓解流动性约束、促进非农就业、提高创

---

① 许竹青、郑风田、陈洁：《"数字鸿沟"还是"信息红利"？信息的有效供给与农民的销售价格——一个微观角度的实证研究》，《经济学》（季刊）2013 年第 4 期，第 1513~1536 页。

② 程名望、张家平：《互联网普及与城乡收入差距：理论与实证》，《中国农村经济》2019 年第 2 期，第 19~41 页。

业概率等不同作用机制促进农民工资性和经营性收入的增长和消费水平的提升。① 唐跃桓等运用双重差分法考察电子商务进农村综合示范项目的政策效果，发现该政策通过网店建设和品牌培养两大作用机制，对农民产生了 3% 的增收作用，且东部地区的增收效应更为显著。② 邱子迅等运用清华大学电商发展指数和 CFPS 数据开展的实证研究发现，电子商务能通过降低信息不对称，促进城镇消费和农村电商发展等方式促进农民创业、就业和增收，进而缩小城乡和农村内部收入差距。③ 也有研究发现，电商采纳虽有助于农民增收，但加剧了农户内部收入不平等。④

另外，相当一部分针对平台经济、人工智能等新业态或新技术的研究则发现，经济活动的平台化，制造业和服务业的数字化和智能化转型可能通过改变创业、就业和收入分配模式进而对包括农民在内的弱势群体的收入带来消极影响。如莫怡青和李力行研究发现，外卖平台的兴起使企业注册量减少了 4.7%，且对低质量、生存型创业产生了明显的挤出效应。⑤ Acemoglu 和 Restrepo 针对美国 1990～2007 年劳动力市场的实证研究发现，在每千名工人中增加 1 个机器人，美国的人口就业率下降 0.18～0.34 个百分点，工资水平降低 0.25%～0.5%。⑥ 王永钦和董雯的研究发现，自 2016 年以来中国已经超越日

① 张勋、万广华、吴海涛：《缩小数字鸿沟：中国特色数字金融发展》，《中国社会科学》2021 年第 8 期，第 35～51+204～205 页。

② 唐跃桓、杨其静、李秋芸等：《电子商务发展与农民增收——基于电子商务进农村综合示范政策的考察》，《中国农村经济》2020 年第 6 期，第 75～94 页。

③ 邱子迅、周亚虹：《电子商务对农村家庭增收作用的机制分析——基于需求与供给有效对接的微观检验》，《中国农村经济》2021 年第 4 期，第 36～52 页。

④ 曾亿武、郭红东、金松青：《电子商务有益于农民增收吗？——来自江苏沭阳的证据》，《中国农村经济》2018 年第 2 期，第 49～64 页。

⑤ 莫怡青、李力行：《零工经济对创业的影响——以外卖平台的兴起为例》，《管理世界》2022 年第 2 期，第 31～45+3 页。

⑥ Acemoglu D.，Restrepo P.．"The Race between Man and Machine：Implications of Technology for Growth，Factor Shares，and Employment"［J］．*American Economic Review*，2018，108（6）：1488-1542.

本成为全球工业机器人存量最大的国家，机器人应用对中国制造业企业劳动力需求的替代效应已经显现。工业机器人渗透度每增加1%，企业的劳动力需求就下降0.18%。[①] 蔡跃洲和陈楠的研究发现，人工智能及自动化推进中，在替代效应与抑制效应作用下就业总量将保持基本稳定，但结构性冲击不可避免。伴随结构调整，初次分配中劳动份额将降低，被替代行业中教育和技能水平较低、年龄偏大人群所受损失最大，并扩大收入差距。[②]

上述文献梳理表明，基于数字经济形态的多样性及其影响机制的复杂性，数字经济在影响农民增收方面可能发挥"双刃剑"作用，一些数字经济形态对农民的增收效应可能会被另一些经济形态的减收效应所抵消，因此其对农民增收带来的综合效应如何，是一个有待实证检验的问题。随着对数字经济研究的日渐深入，国内外学术界在对数字经济内涵界定及规模与结构测度方面取得了长足进展。各国经济统计部门和学术界采用增加值核算[③][④]、卫星账户[⑤]、指数构建[⑥][⑦]等方式测算数字经济的发展规模和结构性特征，为从总体上把握数字经济对农民增收的复杂影响并开展实证研究提供了重要

[①]　王永钦、董雯：《机器人的兴起如何影响中国劳动力市场？——来自制造业上市公司的证据》，《经济研究》2020年第10期，第159~175页。

[②]　蔡跃洲、陈楠：《新技术革命下人工智能与高质量增长、高质量就业》，《数量经济技术经济研究》2019年第5期，第3~22页。

[③]　蔡跃洲、牛新星：《中国数字经济增加值规模测算及结构分析》，《中国社会科学》2021年第11期，第4~30页。

[④]　许宪春、张美慧：《中国数字经济规模测算研究——基于国际比较的视角》，《中国工业经济》2020年第5期，第23~41页。

[⑤]　Barefoot K.，Curtis D.，Jolliff W.，et al.．"Defining and Measuring the Digital Economy" [J] . *US Department of Commerce Bureau of Economic Analysis*，Washington，DC，2018，15：210.

[⑥]　王军、朱杰、罗茜：《中国数字经济发展水平及演变测度》，《数量经济技术经济研究》2021年第7期，第26~42页。

[⑦]　张明、王喆、陈胤默：《全球数字经济发展指数报告（TIMG 2023）》，中国社会科学出版社，2023。

的学术参考和方法支撑。

　　基于上述研究进展，本文试图借助数字经济评价和测度的最新研究成果，从总体上考察数字经济对农民增收致富的综合效应及影响路径，并从增收效应的区域、城乡和群体差异等角度判断数字经济在促进共同富裕方面的潜力。本文可能的边际贡献主要在于：第一，不同于已有研究侧重从数字金融、农村电商等单一数字经济形态对农民增收的考察，本文为从总体上分析并判断数字经济对农民增收致富的综合影响提供了系统解释框架和实证研究结论。第二，不同于已有研究侧重从创业、就业及消费等角度分析数字经济影响农民增收的路径，本文综合考察了数字经济对农民经营性、工资性、转移性和财产性四大收入的影响，并首次证实其对农民转移性增收的突出贡献。第三，针对数字经济对转移性收入的增收效应，本文从数字经济有利于扩大保障性转移支付规模和提升转移支付效率角度考察并检验了后两者对农民增收的中介效应。第四，在数字经济对农民具有增收效应基础上，本文进一步考察其对城乡收入差距的影响，并支持了已有研究中关于数字经济对共同富裕存在非线性影响的判断。

第二节　数字经济与农民增收共富的理论阐释

一　数字经济是什么？

　　一般认为，数字经济（digital economy）的概念由加拿大经济咨询专家 Don Tapscott 于 1996 年提出，他将数字经济定义为由互联网所赋能的新经济形态，在这种新经济形态中，个体和企业通过将网络化的知识和人类智能运用于农业、制造业及服务业来创造财富。由于知识和智能的网络化取决于信息处理技术的数字化，因此，基于网络智能的新经济不仅是数字经济，同时也被称为知识经济或网络经济。[①]
进入 21 世纪第二个 10 年以来，随着物联网、云计算、大数据及人工
智能等新一代信息技术取得突破性进展，人类获取、存储、传输和处
理信息的能力大幅提升，不仅大大拓展了信息技术的运用范围，而且
推动海量数据成为一种能够创造经济价值的新生产要素。在此背景
下，越来越多的人倾向于用数字技术来描述信息通信技术的迭代升
级，同时用数字经济来描述基于数字技术的新经济形态。例如 Bukht
和 Heeks 在梳理了 30 年来英文文献中有关数字经济的代表性定义后，
把数字经济定义为"完全或主要来自数字技术，且商业模式基于数
字产品或服务的经济产出"。基于这一定义内涵，他们把数字经济的
外延区分为三个范畴，分别为：数字核心部门、狭义的数字经济和广
义的数字经济。[②] 与之相比，国内学术界对数字经济的定义范畴更
广，其中最有代表性的是中国信息通信研究院提出的"四化"框架，
认为数字经济包含数据价值化、数字产业化、产业数字化和数字化治
理四个部分，其中，数据价值化体现的是数字经济的核心生产要素，
数字产业化和产业数字化体现的是数字经济的生产力（大体等同于
Bukht 和 Heeks 定义中的广义数字经济），而数字化治理体现的是数
字经济的生产关系。[③] 考虑到城乡居民的收入水平不仅与市场主导的
初次分配相关，也与政府部门及社会力量所主导的二次和三次分配密
不可分，本文拟采用中国信通院的"四化"框架来探讨数字经济对
农民增收共富的影响。

---

① Tapscott, D.. *The Digital Economy: Promise and Peril in the Age of Networked Intelligence*, McGraw-Hill, New York, NY, 1996.

② Bukht R., Heeks R.. "Defining, Conceptualising and Measuring the Digital Economy" [J]. *Development Informatics Working Paper*, 2017（68）.

③ 中国信息通信研究院：《中国数字经济发展白皮书（2020 年）》[R/OL]. [2020-7]. http://www.caict.ac.cn/kxyj/qwfb/bps/202007/P020200703318256637020.pdf。

二 数字经济如何影响农民增收？

统计学上将居民收入来源区分为经营性、工资性、财产性和转移性收入四大类，其中前三类主要来自市场初次分配，第四类主要来自政府和社会部门的二次和三次分配。数字经济既能通过提高农业生产经营效率，增加农民就业机会，促进农村资源要素流通、共享和增值以及扩大转移支付规模、提高转移支付效率等方式对农民四大收入来源产生积极影响；也可能因为就业替代、劳动挤出和"数字鸿沟"效应等给农民增收带来抑制作用。现阶段我国数字经济总体上究竟能否促进农民增收，取决于正向和负向两种作用的力量对比（见图4-1）。

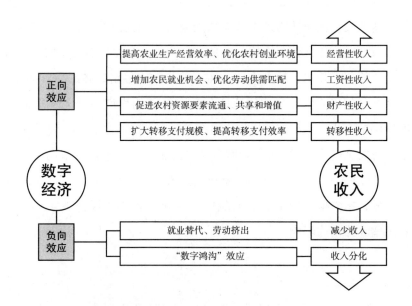

图4-1 数字经济对农民增收的双向效应

资料来源：笔者绘制。

（一）数字经济对农民增收的正向效应

1. 促进农民经营性增收

农民的经营性收入主要包括农民从事农、林、牧、渔和非农业生产经营活动所取得的收入。数字技术在农业和农村的应用，一方面，可以促进农业的数字化转型，提高农业生产效率[1]、促进产业内分工，促使更多农民从生产环节中解放出来，借助农村电商、直播带货等新业态从事农产品加工和销售等经营活动，甚至在需求达到一定规模的情况下，根据订单需求实施定制化生产，实现经营和生产之间的良性互动，拓宽农业经营渠道的同时，增加农业经营性收入。另一方面，网络基础设施、电子政务、电子商务、数字金融等数字经济基础设施与服务的发展将明显改善农村的创业和营商环境，从政务服务、市场对接、物流支撑、融资渠道等多方面为农民在涉农和非农领域创业提供有利条件，推动农村电商、乡村旅游、生态康养、种养体验等多种业态的发展，大大拓展农民经营性增收的渠道。商务部数据显示，2021年全国网络零售店铺数量达2200.59万家，其中农村网商、网店数量达1632.5万家，占比接近3/4。[2] 仅就电商数量看，电商平台的发展似乎对农村居民创业产生了更大带动作用。

2. 促进农民工资性增收

农民的工资性收入主要指农民通过就业途径取得的劳动报酬和实物福利。数字经济发展能通过增加劳动需求、优化劳动力市场的供需匹配、提高农民劳动技能等方式扩大农民的非农就业机会，进而增加其工资性收入。具体来看，数字经济特别是平台经济的迅速发展大大拓展了商品与服务的流通范围与提高了流通速度，一方面这将显著增

---

[1] 朱秋博、白军飞、彭超等：《信息化提升了农业生产率吗？》，《中国农村经济》2019年第4期，第22~40页。

[2] 中国国际电子商务中心：《中国农村电子商务发展报告（2021-2022）》，2022年9月。

加对物流配送等劳动力的市场需求，另一方面也为优化劳动力市场的供需对接创造有利条件，为闲置劳动力提供灵活就业机会，劳动需求的增加和供需对接的优化为大量受教育水平不高的青年农民提供了新的就业机会。根据马晔风和蔡跃洲的测算，截至2020年底，全国电子商务、网络约车、网络送餐、快递物流四大领域的新就业形态就业规模为5463万~6433万人，在总就业中的占比达到7%~8%。① 美团的企业社会责任报告显示，在美团平台的外卖骑手数量呈逐年上升趋势，2019~2022年分别有399万、472万、527万和624万骑手在美团平台获得收入。而一项针对6.3万名外卖骑手的问卷调查发现，骑手中超过80%来自农村。2020年，农村户籍外卖骑手的月均收入为4617元，比全国农民工月均收入水平（4072元）高13.4%；与制造业（4096元）、住宿餐饮业（3358元）等传统行业相比，外卖骑手这一新兴职业对农民的增收效应更加明显。② 此外，互联网的普及使得教育资源共享和劳动技能培训更加便捷，这为农村劳动力提升劳动技能和职业素养，进而扩大就业范围、增加就业机会创造了更加有利的条件。

3. 促进农民财产性增收

农民的财产性收入主要指农民运营或出让其财产（如现金、土地、房屋等）使用权所取得的收入，长期以来在农民收入结构中所占比重最低。国家统计局数据显示，2023年我国农村居民人均财产净收入540元，在农民人均可支配收入中的占比不到2.5%，比同期城镇居民财产性收入占比（10.4%）低近8个百分点。③ 农民财产性

---

① 马晔风、蔡跃洲：《数字经济新就业形态的规模估算与疫情影响研究》，《劳动经济研究》2021年第6期，第121~141页。

② 张成刚、陈雅茹、徐玥：《新就业形态劳动者的工资保障研究——以外卖骑手为例》，《中国劳动》2022年第4期，第21~36页。

③ 国家统计局：《2023年居民收入和消费支出情况》 ［EB/OL］. ［2024-1-17］. https：//www.stats.gov.cn/sj/zxfb/202401/t20240116_ 1946622.html。

收入偏低不仅与其收入水平总体偏低有关，也与城乡二元经济结构下
农村土地和房屋等不动产的流通和增值空间受限有关。在数字经济时
代，不仅数据可以成为一种关键性的生产要素，传统的生产要素也能
通过数字化和网络化来实现流通、共享和增值。在农村，数字技术及
网络平台能有效挖掘和提升农村作为不同于城市的地理空间以及农耕
文化传承载体的文化、教育、旅游和康养价值，推动农村的自然景
观、村落建筑、乡风习俗、传统工艺成为一种能创造商业价值的无形
资产。一旦这些文化和旅游资源得到有效开发，不仅能"盘活"农
村集体资产和农民个体的土地与房产的获利机会和增值空间，也将促
进农村集体经济的多元化发展。从个体角度看，社交媒体和数字金融
的普及不仅有助于提高农民的金融素养，也为其通过投资理财实现财
产性增收创造了便利条件。

4. 促进农民转移性增收

农民的转移性收入是指国家、单位、社会团体对农户的经常性转
移支付和家庭之间的经常性转移收入，主要包括养老金、社会救济和
补助、政策性生产和生活补贴、经常性捐赠和赔偿、报销医疗费、家
庭间的赡养收入，非常住家庭成员寄回带回的收入等。根据国家统计
局数据，2011～2020 年，转移性收入占农民可支配收入的比重由
8.07%上升至 21.37%，成为 10 年来增幅最大的收入来源。数字经济
主要通过以下渠道对农民转移性增收产生影响。一是作为经济增长的
重要引擎，数字经济为政府部门加大向农业农村农民的转移支付力
度、构建城乡一体的社会保障体系创造了财富基础。二是电子政务及
公共服务的数字化转型能提高政府涉农转移支付的效率。三是互联网
公益平台的兴起有助于提升社会捐赠的效率和转移支付的精准性，提
高农村困难家庭获得社会救助的机会。四是相比于传统职业，数字经
济发展所创造的新兴职业对农民工的增收效应更加明显，有助于提升
外出务工者在家庭之间或内部的转移支付能力。

（二）数字经济对农民增收的负向效应

尽管数字经济有助于提高农村生产经营效率、增加农民就业创业机会、提升农村资源要素增值空间和加大政府与社会涉农转移支付力度，进而对拓宽农民增收渠道、增加收入来源产生积极作用。同时，数字经济发展也可能给农民增收带来不容忽视的消极影响。这种消极影响一方面源于技术进步的资本和技能偏向性，使得包括农民在内的弱势群体不得不面临就业机会被替代或创业机会被挤出的风险。[①] 另一方面，数字基础设施及数字技术应用在城乡、区域乃至产业间存在的"数字鸿沟"，也可能进一步拉大城乡、区域居民及不同产业劳动者之间的收入差距。

我们认为，一方面，考虑到现阶段数字经济在一二三产业的渗透率呈现逐级递增的特点，[②] 数字经济在制造业领域造成的劳动替代，有可能被数字经济在服务业领域带来的劳动需求所抵消，且总体上形成劳动需求大于劳动替代的效应。另一方面，即使农民面临劳动被替代的风险，但由于工资性收入在农民可支配收入中占据四成左右，而经营性和转移性收入占比超过一半，且呈现较快增长势头，因此这将为总体上稳定甚至提高农民收入水平提供有力支撑。

我们由此提出研究假设 H1：现阶段我国数字经济总体上有助于促进农民增收。

三 数字经济能否促进农民共富？

数字经济总体上为促进农民增收创造了有利条件，也为缩小城乡收入差距、促进农民与城市居民实现共同富裕奠定了基础。从积极方

---

① 雷钦礼：《技术进步及其偏向生成机制与经济效应》，《中国科学报》2019 年 10 月 30 日。

② 刘艳红、吕鹏：《数字乡村建设的目标、成效与挑战》，《经济与管理》2022 年第 6 期，第 25~33 页。

面看，数字经济作为经济增长的重要引擎，首先，能为政府加大收入调节和转移支付力度创造更大的税收基础。其次，在不同的收入基数水平下，数字经济及其产生的正外部性可能给低收入群体带来更大的增收效应。同样一份兼职快递员的收入，其给农民工带来的增收效应可能要明显高于城市居民。但是随着收入差距的不断缩小，数字经济对低收入群体更加显著的增收效应可能逐步弱化。从消极方面看，则无论是技术对劳动的替代，还是城乡之间的"数字鸿沟"，都将使农民增收处于更加不利的位置。商务部数据显示，2021 年全国网络零售店铺数量达 2200.59 万家，其中农村网商、网店数量达 1632.5 万家，占比接近 3/4；但从销售额来看，农村网络零售额为 2.05 万亿元，仅占全国网络零售总额的 15.6%，[①] 这意味着虽然电商平台的发展为农民提供了大量创业机会，但受农产品本身附加值低、农民数字素养偏低等因素影响，农村电商的平均经营性所得要远远低于城市。上述分析表明，如同对农民增收的影响一样，数字经济对城乡收入差距及共同富裕究竟能起推动还是抑制作用，也要取决于两种作用的力量对比。当数字经济对农民的增收效应大于对城市居民时，则有利于缩小城乡收入差距，促进共同富裕；反之则会拉大城乡收入差距、加剧社会不公。

正是由于数字经济影响存在复杂性，已有研究基于不同视角对数字经济与城乡收入差距间关系的探究并未获得一致性的结论。例如，张勋团队对数字普惠金融的研究发现，数字普惠金融能通过支持农民创业，特别是提升农村低收入和低社会资本家庭创业概率来提升农村家庭收入，改善城乡和农村内部的收入分配状况；[②] 但网络可得性

---

① 中国国际电子商务中心：《中国农村电子商务发展报告（2021-2022）》，2022 年 9 月。

② 张勋、万广华、张佳佳、何宗樾：《数字经济、普惠金融与包容性增长》，《经济研究》2019 年第 8 期，第 71~86 页。

差异造成的"数字鸿沟",会导致那些无法接入互联网的贫困家庭的融资机会被挤占。数字金融的互联网偏向性反而加剧了弱势群体的贫困。[①] 程名望和张家平的理论和实证研究发现,由于互联网普及在农村存在一定的滞后性,因此互联网普及对城乡收入差距的影响呈现先增加后降低的倒"U"形趋势,且在 2009 年左右已经越过拐点,为缩小中国城乡收入差距带来了重要的机遇。[②] 而王军和肖华堂的实证研究则证实,数字经济发展总体上与城乡居民收入差距呈正"U"形关系,即数字经济在发展初期会对城乡居民收入产生收敛效应,但随着"数字鸿沟"效应的显现,会扩大城乡收入差距。[③]

综合以上理论分析和已有研究形成的判断,我们提出研究假设 H2:数字经济对城乡收入差距存在非线性影响。

第三节　数字经济与农民增收共富的实证分析

一　研究设计与数据来源

(一)基准模型与变量说明

第二节的理论分析表明,数字经济对农民收入具有正向促进作用,而对农民共同富裕可能存在非线性影响。为检验上述判断的合理性,我们构建以下计量模型。

---

① 何宗樾、张勋、万广华:《数字金融、数字鸿沟与多维贫困》,《统计研究》2020 年第 10 期,第 79~89 页。

② 程名望、张家平:《互联网普及与城乡收入差距:理论与实证》,《中国农村经济》2019 年第 2 期,第 19~41 页。

③ 王军、肖华堂:《数字经济发展缩小了城乡居民收入差距吗?》,《经济体制改革》2021 年第 6 期,第 56~61 页。

$$ln\ inc_{i,t} = C + \alpha \cdot di_{i,t} + \gamma \cdot ln\ G_{i,t} + \mu_i + \varepsilon_{i,t} \tag{1}$$

$$theil_{i,t} = C + \alpha \cdot di_{i,t} + \beta \cdot di_{i,t}^{\ 2} + \gamma \cdot lnG_{i,t} + \mu_i + \varepsilon_{i,t} \tag{2}$$

其中，i 代表除西藏外的 30 个省区市；t 代表年份，跨度范围为 2013~2020 年。模型（1）中，$inc_{i,t}$ 代表农民人均可支配收入，为本文的被解释变量。$di_{i,t}$ 代表数字经济发展指数，用于描述该地区数字经济发展水平，是本文的核心解释变量。模型（2）的被解释变量是城乡收入差距，用 $theil_{i,t}$ 泰尔指数来衡量。[①] 核心解释变量仍然是数字经济发展水平，由于数字经济与城乡收入差距间可能存在非线性关系，因此加入解释变量的二次项分析其关系。C 为常数项；μ_i 表示省份固定效应；$\varepsilon_{i,t}$ 为随机误差项。本文主要关注核心解释变量的估计系数，若 α 的估计值显著为正，则表明数字经济发展有助于促进农民增收；若 α 与 β 的估计系数显著，则可证实数字经济对促进农民共同富裕存在非线性影响。

为了避免遗漏解释变量偏差，$G_{i,t}$ 涵盖了一系列省级层面的控制变量：①地区经济发展水平（$rgdp$），用地区人均生产总值表示。预计地区经济发展将对农民收入产生促进作用，对于城乡收入差距的影响存在不确定性；[②] ②地区经济开放程度（$open$），用地区进出口总额占 GDP 的比重表示；③地区城镇化水平（ur），用人口城镇化率即城镇人口占总人口比例表示；④地区农村现代化水平（rml），用农

---

① 城乡收入差距泰尔指数公式为：$Gap_{it} = \sum\limits_{j=1}^{2} \left(\dfrac{Y_{i,j,t}}{Y_{i,t}} \right) \times ln\left(\dfrac{Y_{i,j,t}}{Y_{i,t}} \Big/ \dfrac{Z_{i,j,t}}{Z_{i,t}} \right)$，其中，$t$ 代表年份，$j=1$、2 分别表示城镇和农村地区，$Y_{i,j,t}$ 表示 t 时期 i 地区城镇（$j=1$）或农村（$j=2$）地区，以人口和人均收入之积所表示的分地区总收入，$Y_{i,t}$ 表示 t 时期 i 地区的总收入。$Z_{i,j,t}$ 表示 t 时期 i 地区城镇或农村人口数量，$Z_{i,t}$ 表示 t 时期 i 地区的总人口。泰尔指数结果越大，表示城乡收入差距越大。——作者注

② 根据库兹涅茨曲线的经典理论，经济增长与收入不平等程度呈倒"U"形关系，即随着人均收入水平的提高，收入差距会呈现先拉大后缩小的趋势。但也有研究表明，经济增长与城乡收入差距之间呈正"U"形关系（王军、肖华堂，2021）。——作者注

村地区用电量表示；⑤地区政府助农财政支出（ge），用农林水支出占地方一般公共预算支出的比重表示，预计财政助农支出对农民收入产生正向影响，对城乡收入差距产生抑制作用；⑥地区产业结构（is），用第一、第三产业增加值占GDP的比重衡量，分别用pri-is、ter-is表示。产业结构是影响农民收入与城乡居民收入差距的重要因素，劳动力会随着产业结构的变化发生转移。第一产业占比越高，说明地区农业越发达，预计对农民经营性收入越有促进作用；而第三产业比重上升，将为农民提供更多非农就业机会，预计对农民工资性收入有着促进作用，对城乡收入差距有抑制作用。模型中各变量的含义及具体指标如表4-1所示。

表4-1　变量的含义与具体指标

变量类型	变量含义	具体指标内容
被解释变量	农村居民人均可支配收入（inc）	农村居民的人均可支配收入
	城乡收入差距（theil）	城乡泰尔指数
解释变量	数字经济发展水平（di）	数字经济发展指数
控制变量	地区经济发展水平（rgdp）	地区人均生产总值
	地区经济开放程度（open）	地区进出口总额占GDP的比重
	地区城镇化水平（ur）	地区城镇人口占总人口比重
	地区农村现代化水平（rml）	农村地区用电量
	地区政府助农财政支出（ge）	农林水支出占地方一般公共预算支出的比重
	地区产业结构（pri-is、ter-is）	地区第一、第三产业增加值占GDP的比重

（二）数据来源与描述性统计

我们借鉴并采用王军等关于中国数字经济发展水平的测度结果作为我们的核心解释变量。其所构建的数字经济发展综合指数由数字经济发展载体（主要指基础设施）、数字产业化、产业数字化、数字经济发展环境4个一级指标构成，下设9个二级指标共30个变量，使用客观赋权法中的熵值法对指标进行赋权，计算得出全国除西藏以外的 30 个省份的数字经济发展水平，时间跨度为 2013～2020 年。[①] 这一综合指标体系大体涵盖了中国信通院关于数字经济"四化"框架的主要内容，与本文所采用的数字经济的广义范畴最为接近。被解释变量农民人均可支配收入及城乡泰尔指数的原始数据主要来自 2014～2021 年的《中国统计年鉴》，各控制变量的原始数据主要来自对应年份的《中国统计年鉴》《中国农村统计年鉴》以及各省区市统计年鉴等。各变量的描述性统计见表 4-2，为获得平稳数据，被解释变量农民人均可支配收入水平和控制变量均取对数。

表 4-2　变量的描述性统计

变量	观察值	平均值	标准差	最小值	最大值	偏度	峰度
$di_{i,t}$	240	0.1817	0.1249	0.026	0.824	1.7920	7.4054
$inc_{i,t}$	240	13767.93	5364.857	5588.8	34911.3	1.4327	5.2516
$theil_{i,t}$	240	0.0847	0.0363	0.0183	0.1871	0.4604	3.1933
$rgdp_{i,t}$	240	59962.63	27888.52	23151	164889	1.4715	5.0223
$open_{i,t}$	240	0.2530	0.2687	0.0074	1.3307	1.9620	6.4447
$ur_{i,t}$	240	0.6031	0.1158	0.3789	0.896	0.8517	3.4114
$rml_{i,t}$	240	307.37	438.01	4.5	2011	2.2401	7.4609
$ge_{i,t}$	240	0.1160	0.0340	0.0411	0.2038	-0.0789	2.7544
$pri\text{-}is_{i,t}$	240	0.0953	0.0511	0.0027	0.2510	0.3883	3.3641
$ter\text{-}is_{i,t}$	240	0.4885	0.0920	0.3200	0.8387	1.4659	6.2803
$ln\ inc_{i,t}$	240	9.4650	0.3520	8.6285	10.4606	0.4214	3.0495
$ln\ rgdp_{i,t}$	240	10.9116	0.4115	10.0498	12.0130	0.5297	2.7776
$ln\ open_{i,t}$	240	-1.8201	0.9402	-4.9054	0.2857	0.1272	2.9882
$ln\ ur_{i,t}$	240	-0.5229	0.1844	-0.9705	-0.1098	0.3734	2.9266
$ln\ rml_{i,t}$	240	4.9224	1.3132	1.5041	7.6064	-0.0728	3.0307
$ln\ ge_{i,t}$	240	-2.2044	0.3343	-3.1918	-1.5904	-0.9543	3.7347
$ln\ pri\text{-}is_{i,t}$	240	-2.6172	0.9420	-5.9234	-1.3823	-1.9756	6.6066
$ln\ ter\text{-}is_{i,t}$	240	-0.7322	0.1745	-1.1394	-0.1759	0.6962	4.3299

[①] 王军、朱杰、罗茜：《中国数字经济发展水平及演变测度》，《数量经济技术经济研究》2021 年第 7 期，第 26～42 页。

二　检验结果与分析

（一）数字经济促进农民增收的检验与分析

1. 基准回归

根据基准模型的设定，本文采用逐步加入控制变量的回归方法估计数字经济对农民增收的作用。具体估计结果见表 4-3。其中第（1）列仅考虑数字经济发展水平与农民收入水平的单变量关系，第（2）~（5）列逐步加入控制变量。第（5）列回归结果显示，数字经济发展水平在 1% 水平上显著且系数为正，数字经济发展水平每提升 1 个标准差，农民收入水平可以增长 13.70%，假说 H1 得到证实。从控制变量的情况看，城镇化率和政府助农支出均对农民增收有显著的正向效应，而经济开放水平、农村现代化水平及产业结构对农民增收有较小的负向效应。整体拟合优度表现良好，结论可信度水平比较高。

表 4-3　基准模型（1）回归结果

变量	农民可支配收入（$ln\ inc_{i,t}$）				
	（1）	（2）	（3）	（4）	（5）
$di_{i,t}$	2.3135*** （0.0900）	1.2929*** （0.1302）	1.3482*** （0.1292）	0.9922*** （0.0938）	1.0280*** （0.1518）
$ln\ rgdp_{i,t}$		0.5710*** （0.0595）	0.5105*** （0.0619）	0.1283** （0.0530）	0.0747 （0.0739）
$ln\ open_{i,t}$			-0.0790*** （0.0267）	-0.0375** （0.0188）	-0.0306* （0.0191）
$ln\ ur_{i,t}$				1.7874*** （0.1190）	1.7950*** （0.1576）
$ln\ rml_{i,t}$				-0.0341 （0.0288）	-0.0475* （0.0426）
$ln\ ge_{i,t}$					0.1609*** （0.0500）

续表

变量	农民可支配收入($ln\ inc_{i,t}$)				
	（1）	（2）	（3）	（4）	（5）
$ln\ pri\text{-}is_{i,t}$					-0.0707*
					(0.0520)
省份固定	否	否	否	否	是
年份固定	否	否	否	否	否
R^2	0.7598	0.8335	0.8403	0.9240	0.9786
样本量	240	240	240	240	240

注：括号内为标准差，***、**、*分别表示在1%、5%、10%水平上显著，下同。

2. 异质性分析

为考察数字经济发展对农民增收影响的地区间差异，我们在基准模型（1）基础上对东、中、西部地区分别进行回归。考虑到城镇化水平在基准回归中表现出强烈作用，且呈现明显的地区差异，为保证结果可信度，我们在区域异质性回归中剔除该变量，结果如表4-4所示。回归结果显示，数字经济能显著促进东、中、西部地区农民增收。数字经济发展水平每提高1个标准差，东、中、西部地区农民的收入分别增长17.53%、14.22%、13.51%，回归结果的拟合优度分别达到0.95、0.95、0.96。比较来看，数字经济对东部地区农民的增收效应最突出，其次为中部地区，增收效应最弱的是西部地区。

表4-4 不同地区农民收入的回归结果

变量	农民可支配收入($ln\ inc_{i,t}$)					
	东部地区		中部地区		西部地区	
$di_{i,t}$	1.7718***	1.0632***	2.8513***	1.7921***	3.4249***	1.7524***
	(0.1093)	(0.2523)	(0.1277)	(0.3989)	(0.1773)	(0.4111)
$ln\ rgdp_{i,t}$		0.5999***		0.0137		0.1755
		(0.2139)		(0.1523)		(0.1333)

续表

变量	农民可支配收入（$\ln inc_{i,t}$）					
	东部地区		中部地区		西部地区	
$\ln open_{i,t}$		−0.0523 （0.0940）		0.0383 （0.0432）		−0.0991*** （0.0233）
$\ln rml_{i,t}$		−0.1792*** （0.0583）		0.7783*** （0.1899）		0.5347*** （0.1015）
$\ln ge_{i,t}$		−0.0739 （0.0904）		0.2505*** （0.1048）		−0.0157 （0.0828）
$\ln pri-is_{i,t}$		0.0430 （0.1295）		−0.0334 （0.0760）		−0.0953 （0.1026）
省份固定	否	是	否	是	否	是
年份固定	否	否	否	否	否	否
R^2	0.7756	0.9497	0.9007	0.9467	0.8308	0.9555
样本量	88	88	64	64	88	88

注：东部地区包括北京、天津、上海、辽宁、河北、山东、江苏、浙江、福建、广东、海南11个省份，中部地区包括山西、吉林、黑龙江、安徽、江西、河南、湖北、湖南8个省份，西部地区包括内蒙古、新疆、宁夏、陕西、甘肃、青海、重庆、四川、广西、贵州、云南11个省份（由于数据缺失，西部地区未包括西藏），下同。

为进一步考察数字经济对不同收入群体农民的增收效应，我们根据收入水平差异将农民区分为低、中低、中等、中高和高收入五个群体，并在基准模型（1）基础上分别进行回归。结果如表4-5所示。回归结果显示，数字经济对不同收入群体农民的增收效应呈现从低收入群体到高收入群体依次递减的特点，数字经济发展水平每提升1个标准差，从低收入到高收入的农民群体的收入分别增长55.35%、14.66%、11.10%、9.31%、4.05%。其中对高收入群体的增收效应并不显著。

表 4-5　农民内部不同收入群体回归结果

变量	农民可支配收入($ln\ inc_{i,t}$)				
	低收入群体	中低收入群体	中等收入群体	中高收入群体	高收入群体 *
$di_{i,t}$	3.8982***	1.2110***	0.9314***	0.7879***	0.3512
	(1.3877)	(0.2179)	(0.2606)	(0.2858)	(0.3066)
$ln\ rgdp_{i,t}$	-0.2448	0.1749	-0.0054	-0.0561	-0.1129
	(1.1242)	(0.1986)	(0.1680)	(0.1581)	(0.1916)
$ln\ open_{i,t}$	-0.0772	0.0018	0.0132	-0.0102	0.0016
	(0.1762)	(0.0488)	(0.0436)	(0.0407)	(0.0443)
$ln\ ur_{i,t}$	-1.4965	0.9317**	1.1776***	1.4493***	2.1839***
	(1.6530)	(0.4410)	(0.4143)	(0.3913)	(0.4302)
$ln\ rml_{i,t}$	0.9091*	0.2836***	0.2949***	0.3270***	0.4901***
	(0.4679)	(0.1016)	(0.0861)	(0.0687)	(0.0761)
$ln\ ge_{i,t}$	0.8550	0.1344	0.0358	-0.0426	-0.2151*
	(0.5746)	(0.1228)	(0.0946)	(0.0831)	(0.0845)
$ln\ pri\text{-}is_{i,t}$	0.2370	-0.2164**	-0.2509***	-0.2616***	-0.3264***
	(0.7212)	(0.1093)	(0.0935)	(0.0900)	(0.0985)
省份固定	是	是	是	是	是
年份固定	否	否	否	否	否
R^2	0.7566	0.9685	0.9756	0.9747	0.9683
样本量	103	103	103	103	103

* 不同收入群体农民的收入数据来自 2014-2021 年各省区市统计年鉴，受数据可得性影响，此部分数据未能涵盖所有省份。

对不同地区以及不同收入群体农民的异质性分析表明，现阶段数字经济发展对收入差距的影响呈现出较为复杂的特征。一方面，数字经济对低收入农民群体具有更强的增收效应，因而为缩小农民内部的收入差距、推动共同富裕创造了有利条件。另一方面，由于数字经济对东、中、西部地区农民的增收效应呈递减趋势，可能会进一步拉大地区间农民的收入差距和数字鸿沟。

3. 机制分析

基准回归结果显示，数字经济总体上有助于农民增收。为进一步分析其促进农民增收的主要路径和作用机制，我们在基准模型（1）基础上，将农民的四大收入来源作为因变量，判断数字经济促进不同类型收入增收所呈现的结构性特征，结果如表4-6所示。回归分析结果表明，数字经济对四类收入都表现出显著的正向促进作用，数字经济发展水平每提高1个标准差，将分别促进农民工资性收入提高14.24%、经营性收入提高8.91%、财产性收入提高12.36%、转移性收入提高15.74%。控制变量中，城镇化率和政府助农支出仍对四大收入保持显著正向效应，而经济开放水平和产业结构仅对工资性收入有负向效应。拟合优度分别达到0.98、0.96、0.93、0.77。

表 4-6　不同性质收入回归结果

变量	农民可支配收入（$\ln inc_{i,t}$）			
	工资性收入	经营性收入	财产性收入	转移性收入
$di_{i,t}$	1.0657 ***	0.6837 ***	0.9330 *	1.1704 **
	(0.1886)	(0.2258)	(0.5265)	(0.5090)
$\ln rgdp_{i,t}$	−0.1898	0.1749	−0.1188	−0.0207
	(0.1401)	(0.1079)	(0.2018)	(0.3415)
$\ln open_{i,t}$	−0.0653 **	−0.0451	0.1435	0.1433
	(0.0320)	(0.0381)	(0.0888)	(0.0990)
$\ln ur_{i,t}$	2.1138 ***	1.2401 ***	2.3363 ***	5.2392 ***
	(0.3051)	(0.2767)	(0.6270)	(0.8019)
$\ln rml_{i,t}$	0.0350	−0.0430	0.0938	−0.1067
	(0.0573)	(0.0474)	(0.1102)	(0.1343)
$\ln ge_{i,t}$	0.2283 ***	0.0483	0.3081 *	0.3737 *
	(0.0776)	(0.0808)	(0.1667)	(0.2069)
$\ln pri-is_{i,t}$	−0.1456 *	−0.0488	−0.1082	−0.3532
	(0.0848)	(0.1211)	(0.1964)	(0.2345)
省份固定	是	是	是	是
年份固定	否	否	否	否
R^2	0.9802	0.9615	0.9300	0.7706
样本量	240	240	240	240

值得注意的是，这一分析结果很大程度上突破了数字经济促进农民增收的传统认知。大量理论和实证研究认为，数字金融、农村电商等数字经济形态主要通过支持创业或促进就业两大路径促进农民增收，但很少考虑数字经济对转移性收入的影响。我们的回归结果却显示，数字经济对转移性收入的增收效应最大，超过了对工资性、财产性和经营性收入的影响。如何解释这一现象呢？从本文实证研究所考察的时间范围看，2013～2020 年既是我国数字经济快速发展时期，[①]也是精准扶贫和脱贫攻坚的关键时期，这意味着这一时期的政府大大增强了涉农转移支付的力度。而处于成长期的数字经济一方面能为政府扩大涉农转移支付规模提供税收基础，另一方面能通过促进电子政务发展提高政府补贴的精准度和转移支付的效率，进而对农民转移性收入产生正向作用。为检验这一判断的合理性，我们以各省份的保障性转移支付规模［用社会保障与就业支出[②]在财政支出中占比（exp）表示］和转移支付效率［用政府电子服务能力指数（gesi）表示］作为中介变量，考察数字经济—财政转移支付规模/效率—农民转移性增收的传导机制。其中，社会保障与就业支出占比的原始数据来自对应年份各省份统计年鉴，政府电子服务能力指数来自《政府电子服务能力指数报告（2022）》[③]。如果上述传导机制成立，我们不仅应

---

① 根据中国信通院的测算，中国数字经济增加值从 2012 年的 11 万亿元提高到 2022 年的 50.2 万亿元，占 GDP 比重由 21.6%提升至 41.5%。参见：中国信息通信研究院：《中国数字经济发展研究报告（2023 年）》［R/OL］．［2023-4］．http://www.caict.ac.cn/kxyj/qwfb/bps/202304/P020240326636461423455.pdf。——作者注

② 社会保障与就业支出指政府用于社会保障与就业方面的支出，具体包括社会保障和就业管理事务、民政管理事务、财政对社会保险基金的补助、补充全国社会保障基金、行政事业单位离退休、企业改革补助、就业补助、抚恤、退役安置、社会福利、残疾人事业、城市居民最低社会保障、其他城镇社会救济、农村社会救济、自然灾害生活补助、红十字事务等方面的支出。国家统计局数据显示，2022年全国社会保障和就业支出在一般公共预算支出中的占比为 14.1%，其中接近98%由地方公共预算支出。——作者注

③ 胡广伟等：《政府电子服务能力指数报告（2022）》，中国社会科学出版社，2023。

当观察到数字经济对财政转移支付规模与效率的影响，还能看到这二者对农民转移性收入增长的影响。以上关系用数学公式表达为：

$$ln\ exp_{i,t}\ /\ ln\ gesi_{i,t} = C + \alpha \cdot di_{i,t} + \mu_i + \varepsilon_{i,t} \tag{3}$$

$$ln\ inc_{i,t} = C + \alpha \cdot di_{i,t} + \gamma \cdot ln\ G_{i,t} + \delta \cdot ln\ exp_{i,t} + \theta \cdot ln\ gesi_{i,t} + \mu_i + \varepsilon_{i,t} \tag{4}$$

我们首先对模型（3）进行回归分析，回归结果（见表4-7）显示，数字经济对保障性转移支付规模和转移支付效率有显著正向作用。

表4-7　数字经济对保障性转移支付规模及支付效率的影响（2016~2020年）

变量	保障性转移支付规模（$ln\ exp_{i,t}$）	转移支付效率（$ln\ gesi_{i,t}$）
$di_{i,t}$	0.7731 ***	1.8167 ***
	(0.1070)	(0.2440)
控制变量	否	否
R^2	0.3049	0.3178
样本量	150	150

在此基础上，我们依次将保障性转移支付规模和转移支付效率作为控制变量加入数字经济影响农民转移性收入的回归模型（见表4-8）。第（2）（3）列的回归结果显示，保障性转移支付规模和转移支付效率均对农民转移性收入有显著正向作用，且随着两项中介变量的加入，考察范围内的数字经济对农民转移性收入的正向效应由18.60%下降至14.65%，证明了转移支付规模与效率中介效应的存在。值得一提的是，相比于转移支付规模，转移支付效率表现出更强的中介作用，在加入该控制变量后，转移支付规模的系数从0.3166下调为0.2698，同时模型总体的拟合优度提升至0.9294。我们由此可以得出以下结论，即数字经济通过扩大保障性转移支付规模与提高转移支付效率，尤其是提高转移支付效率促进了农民转移性收入的增长。

表 4-8 保障性转移支付规模与转移支付效率传导机制分析

变量	农民转移性收入（$ln\ inc_{i,t}$）		
	（1）	（2）	（3）
$di_{i,t}$	1.2824**	1.0413**	1.0282**
	(0.4036)	(0.4213)	(0.4267)
$ln\ rgdp_{i,t}$	0.0477	0.1171	0.0979
	(0.0558)	(0.2190)	(0.2024)
$ln\ open_{i,t}$	0.04978	0.0596	0.0176
	(0.0990)	(0.0547)	(0.0476)
$ln\ ur_{i,t}$	2.8053***	2.5410***	1.5618**
	(0.7307)	(0.6587)	(0.6889)
$ln\ rml_{i,t}$	−0.1034	−0.0814	−0.0356
	(0.1251)	(0.0917)	(0.0754)
$ln\ ge_{i,t}$	0.2415	0.2880*	0.3549**
	(0.1681)	(0.1612)	(0.1579)
$ln\ pri\text{-}is_{i,t}$	−0.1238	−0.1343	−0.1307
	(0.1611)	(0.1503)	(0.1349)
$ln\ exp_{i,t}$		0.3166	0.2698
		(0.2053)	(0.1852)
$ln\ gesi_{i,t}$			0.2736***
			(0.0785)
省份固定	是	是	是
年份固定	否	否	否
R^2	0.9160	0.9193	0.9294
样本量	150	150	150

（二）数字经济影响共同富裕的检验与分析

1. 基准回归

我们同样采用逐步加入控制变量的回归方法对基准模型（2）进行回归，具体结果见表 4-9。其中第（1）列仅考虑数字经济发展水平及其平方项对城乡收入差距的单变量关系，第（2）~（5）列逐步加入控制变量。第（5）列的回归结果显示，数字经济在 5% 的水平上显著且系数为负，表明数字经济发展缩小了城乡收入差距。同时，数字经济的平方项在 10% 的水平上显著且系数为正，表明从长期看，数字经济发展与城乡收入差距存在正"U"形曲线关系，即数字经济发展将使城乡收入差距呈现先缩小、后增大的变化趋势，曲线的拐点在数字经济发展综合指数为 0.70 附近，假说 H2 得到验证。从控制变量情况看，地区经济发展水平、城镇化率以及第一产业发展均对城乡收入差距有显著抑制作用。模型的拟合优度达到 0.99。

表 4-9　城乡居民收入差距基准模型（2）回归结果

变量	城乡居民收入差距（$theil_{i,t}$）				
	（1）	（2）	（3）	（4）	（5）
$di_{i,t}$	-0.2113 *** （0.0114）	-0.1619 *** （0.0190）	-0.0846 *** （0.0219）	-0.0521 ** （0.0230）	-0.0530 ** （0.0233）
$di_{i,t}^2$	0.1808 *** （0.0164）	0.1456 *** （0.0194）	0.0717 *** （0.0206）	0.0373 * （0.0215）	0.0376 * （0.0211）
$\ln rgdp_{i,t}$		-0.0154 *** （0.0048）	-0.0413 *** （0.0043）	-0.0236 *** （0.0053）	-0.0234 *** （0.0066）
$\ln pri\text{-}is_{i,t}$			-0.0340 *** （0.0030）	-0.0231 *** （0.0034）	-0.0231 *** （0.0040）
$\ln ter\text{-}is_{i,t}$			-0.0206 *** （0.0058）	-0.0026 （0.0064）	-0.0021 （0.0068）
$\ln open_{i,t}$				-0.0008 （0.0014）	-0.0008 （0.0017）
$\ln ur_{i,t}$				-0.0818 *** （0.0141）	-0.0819 *** （0.0180）
$\ln rml_{i,t}$					-0.00004 （0.0024）
$\ln ge_{i,t}$					-0.0009 （0.0035）
省份固定	是	是	是	是	是
年份固定	否	否	否	否	否
R^2	0.7053	0.7193	0.8326	0.8566	0.9891
样本量	240	240	240	240	240

2. 异质性分析

为考察数字经济在抑制城乡收入差距方面的地区差异，我们在基准模型（2）的基础上对东、中、西部地区分别进行回归，结果如表4-10所示。回归结果显示，数字经济对中、西部地区城乡收入差距的抑制效应更加显著。数字经济对城乡收入差距的正"U"形关系在东、中、西部地区仍大体保持显著，曲线的拐点分别为0.83、0.39、0.31，与全国的曲线拐点（0.70）相比，东部地区拐点略为右移，而中、西部地区拐点显著左移。这一结果表明，与东部地区相比，中、西部地区会更早触及曲线拐点，这意味着数字经济发展可能会使中、西部地区更早出现城乡收入分化风险。

表4-10　城乡居民收入差距的地区异质性回归结果

变量	城乡居民收入差距（$theil_{i,t}$）					
	东部地区		中部地区		西部地区	
$di_{i,t}$	−0.1195 ***	−0.0160	−0.2040 ***	−0.2650 ***	−0.4167 ***	−0.3220 ***
	（0.0162）	（0.0375）	（0.0258）	（0.0556）	（0.0270）	（0.0657）
$di_{i,t}^2$	0.0794 ***	0.0096	0.2400 ***	0.3409 ***	0.5860 ***	0.5162 ***
	（0.0194）	（0.0329）	（0.0673）	（0.1169）	（0.0715）	（0.0965）
$\ln rgdp_{i,t}$		−0.0325 ***		−0.0085		−0.0334 ***
		（0.0072）		（0.0098）		（0.0110）
$\ln pri\text{-}is_{i,t}$		−0.0247 ***		−0.0080		−0.0363 ***
		（0.0062）		（0.0060）		（0.0110）
$\ln ter\text{-}is_{i,t}$		−0.0451 ***		0.0111		−0.0055
		（0.0115）		（0.0112）		（0.0125）
$\ln open_{i,t}$		0.0050		−0.0006		−0.0014
		（0.0039）		（0.0032）		（0.0022）
$\ln rml_{i,t}$		0.0004		0.0134		0.0012
		（0.0025）		（0.0160）		（0.0110）
$\ln ge_{i,t}$		0.0104 **		−0.0017		−0.0107
		（0.0045）		（0.0048）		（0.0084）
省份固定	否	是	否	是	否	是

变量	城乡居民收入差距($theil_{i,t}$)					
	东部地区		中部地区		西部地区	
年份固定	否	否	否	否	否	否
R^2	0.6244	0.9832	0.8561	0.9722	0.8756	0.9834
样本量	88	88	64	64	88	88

3. 机制分析

为进一步检验数字经济影响城乡收入差距的路径，我们考察数字经济对城市和农村居民增收效应的差异，如果数字经济对农民的增收效应大于对城市居民时，则表明数字经济会缩小城乡收入差距，促进共同富裕；反之则会拉大城乡收入差距、加剧社会不公。我们将城市居民收入作为因变量代入基准模型（1），分别进行基准回归和分区域回归，结果如表 4-11 所示。回归结果显示，数字经济在 1% 水平上显著，数字经济每增长 1 个标准差，城市居民收入提升 8.74%。而同等情况下，数字经济对农民的增收效应为 13.70%。这表明，现阶段数字经济之所以对城乡收入差距产生抑制作用，较大程度上是由于其对农民具有更大的增收效应。

从地区差异来看，数字经济对东、中、西部地区城市居民的增收效应分别为 16.05%、11.33%、11.45%，对同一地区农民的增收效应则分别为 17.53%、14.22%、13.51%，两者的差距分别为 1.48、2.89、2.06 个百分点。这一结果表明，尽管数字经济的增收效应总体呈现出由东向西逐步递减的趋势，但由于数字经济对所有地区农民的增收效应都大于对城市居民，且在中、西部地区更为突出，这就使数字经济总体上呈现出对城乡收入差距的抑制作用，且在中、西部地区更加显著，因而有效地支撑了表 4-9 和表 4-10 的结论。

综合表 4-3、表 4-5 及表 4-10、表 4-11 的分析结果可知，现阶段数字经济对低收入农民群体的增收效应要高于高收入群体，对农民的增收效应要高于城市居民，对中、西部地区城乡收入差距的抑制作用要高于东部地区，因此总体上对缩小农民群体内部收入差距以及城乡居民的收入差距、进而推动共同富裕做出了贡献。

表 4-11　城市居民收入回归结果

变量	城市居民可支配收入（$ln\ inc_{i,t}$）			
	全国整体	东部地区	中部地区	西部地区
$di_{i,t}$	2.0046 ***	0.8874 ***	0.9797 ***	1.4467 ***	1.4989 ***
	（0.0806）	（0.1424）	（0.2332）	（0.4172）	（0.3270）
$ln\ rgdp_{i,t}$		−0.0479	0.3994 **	−0.0135	0.0524 ***
		（0.0684）	（0.2001）	（0.1494）	（0.1202）
$ln\ open_{i,t}$		−0.0447 ***	−0.0246	0.0284	−0.1183 ***
		（0.0169）	（0.0893）	（0.0476）	（0.0217）
$ln\ ur_{i,t}$		1.6664 ***	—	—	—
		（0.1480）			
$ln\ rml_{i,t}$		−0.0415	−0.1492 ***	0.7570 ***	0.4743 **
		（0.0387）	（0.0523）	（0.1775）	（0.1104）
$ln\ ge_{i,t}$		0.1687 ***	0.0925	0.2540 **	0.0334
		（0.0474）	（0.0854）	（0.1038）	（0.0837）
$ln\ pri\text{-}is_{i,t}$		−0.1825 ***	−0.0932	−0.1080 *	−0.2530 **
		（0.0500）	（0.1254）	（0.0622）	（0.0921）
R^2	0.7476	0.9714	0.9488	0.9434	0.9301
省份固定	否	是	是	是	是
年份固定	否	否	否	否	否
样本量	240	240	88	64	88

（三）内生性讨论与稳健性检验

考虑到回归结果可能存在一定偏差，我们从以下几个方面对回归结果的内生性与稳健性进行检验：第一，更换核心变量指标，采用韩兆安等测算的数字经济增加值作为数字经济发展水平的替代变量，[①] 采

---

① 韩兆安、赵景峰、吴海珍：《中国省际数字经济规模测算、非均衡性与地区差异研究》，《数量经济技术经济研究》2021 年第 8 期，第 164~181 页。

用城乡人均收入比作为城乡收入差距替代变量进行检验；第二，考虑数字经济对农民增收可能存在滞后效应，对解释变量进行一阶、二阶的滞后检验；第三，使用工具变量法、Heckman 两步法对基准模型进行内生性检验。

表 4-12 的分析结果显示，以数字经济增加值作为替代解释变量后，其对农民收入的影响显著为正。以城乡收入比作为替代被解释变量后，数字经济对其的影响仍显著，且与原模型回归结果系数符号一致。一阶、二阶滞后检验均未改变模型结果。

表 4-12　替代指标与滞后检验结果

变量	农民可支配收入($ln\ inc_{i,t}$)			城乡收入比($gap_{i,t}$)			
	替代检验	一阶滞后	二阶滞后	替代检验	替代检验	一阶滞后	二阶滞后
$ln\ vade_{i,t}$	0.3098 *** (0.0891)						
$di_{i,t}$		1.0748 *** (0.0976)	1.2276 *** (0.1161)	-1.5650 *** (0.1379)	-0.8502 ** (0.3565)	-1.3190 *** (0.2679)	-1.2681 *** (0.3514)
$di_{i,t}^2$				1.2402 *** (0.1984)	0.6122 * (0.3302)	1.0741 *** (0.2765)	1.1316 *** (0.4278)
控制变量	是	是	是	否	是	是	是
R^2	0.9228	0.9302	0.9536	0.4947	0.6196	0.4572	0.7379
样本量	150	210	180	240	240	210	180

工具变量的选用要求与解释变量相关，但不与扰动项相关，本文选用北京大学数字普惠金融指数作为工具变量，排除解释变量内生性问题。弱相关性检验结果显示，F 值均大于临界值，均通过弱工具变量检验。内生性检验中，基准模型（1）通过了检验，而基准模型（2）未通过检验，这可能与本文在收入差距非线性模型中使用工具变量对解释变量逐个替代的做法有关。Heckman 两步法的检验结果与前文实证结果一致，表明本文的模型估计结果比较稳健可靠（见表 4-13）。

表 4-13　工具变量与 Heckman 两步法内生性检验结果

变量	农民可支配收入($ln\ inc_{i,t}$)		城乡收入差距($theil_{i,t}$)			
	一阶段	二阶段	一阶段	二阶段	一阶段	二阶段
$iv1_{i,t}$	0.2356 *** (0.0306)	2.2824 *** (0.3135)	0.9759 *** (0.1297)	−0.1816 (0.1250)	$di_{i,t}$	$di_{i,t}$
$iv1_{i,t}^2$			$di_{i,t}^2$	$di_{i,t}^2$	−0.0066 *** (0.0014)	0.2730 (0.1737)
弱相关性检验（F 值）	59.1531 ***		56.6241 ***		21.5362 ***	
内生性检验（F 值）	80.2943 ***		0.483135		0.553762	
控制变量	是		是		是	
R²	0.7310	0.7199	0.9672	0.8026	0.9330	0.7994
样本量	240	240	240	240	240	240

第四节　研究结论与对策建议

充分认识数字经济对农民增收的理论潜能、作用机制和影响路径，有效发挥数字经济对农民增收致富的积极作用，是数字化时代扎实推进共同富裕的重要课题。不同于已有研究侧重从农村电商、数字金融等数字经济特定形态探究其对农民增收和共富的影响，我们试图从总体上考察数字经济对农民增收的综合效应及结构性特征，并从增收效应的区域、城乡和群体差异等角度判断数字经济在促进共同富裕方面的潜力。我们借助数字经济评价和测度的最新研究成果，基于2013~2020 年的省级面板数据，分析了数字经济对农民增收及城乡收入差距的关系，我们的实证研究结果如下。

第一，现阶段数字经济总体上能促进农民增收，且对工资性、经营性、财产性和转移性收入均有正向促进作用。数字经济发展水平每提升 1 个标准差，农民收入水平可以提高 13.70%。

第二，不同于传统认知，在四大收入来源中，数字经济对农民转移性收入的增收效应最大。数字经济发展水平每提升 1 个标准差，农民的工资性、经营性、财产性和转移性收入分别提高 14.24%、8.91%、12.36% 和 15.74%。数字经济通过扩大保障性转移支付规模和提高转移支付效率两种传导机制对转移性增收发挥作用。

第三，现阶段数字经济对低收入农民群体的增收效应要高于高收入群体，对农民的增收效应要高于城市居民，因此缩小了农民群体内部收入差距以及城乡居民的收入差距、进而对推动共同富裕有正向作用。

第四，从长期看，数字经济对城乡收入差距存在正 "U" 形关系，即数字经济发展将使城乡收入差距呈现先缩小、后增大的变化趋势，曲线的拐点在 0.70 附近。异质性分析显示，东部地区拐点略为右移，而中、西部地区拐点显著左移。数字经济发展可能给中、西部地区带来更大的城乡收入分化风险。

本文的理论分析与实证研究结论具有以下政策启示。

首先，加大对农村产业数字化转型的政策支持力度，挖掘和提升数字经济对农民经营性收入的增收潜力。相对于数字经济对转移性、工资性乃至于财产性增收的作用，现阶段数字经济对农民经营性收入的增收效应并不突出。这不仅和农业数字化转型进程明显落后于制造业和服务业有关，更重要的是和农村缺乏创业和生产经营所需的资金、技术和人才相关。目前看，仅凭市场力量很难推动数字化资金、技术和人才向农村流动，而需要借助更大的政策支持力度来强化资源要素向农村倾斜，助推农业和农村产业数字化转型的同时，培育农民的创业经营能力和农村自身的造血能力。

其次，加大对农民数字素养和劳动技能的培训力度，提升农民在劳动力市场的竞争力。随着数字经济在服务业领域渗透率的不断提升，其所创造的劳动需求，特别是低技能型劳动需求可能面临增长乏力甚至趋于饱和的风险。另外，随着制造业数字化转型进程的推进，机器对低技能型劳动的替代和挤出效应会进一步显现。数字经济带来的劳动需求大于劳动替代的状况可能发生逆转，进而会总体上削减非农就业机会及给农民带来的增收效应。为应对这一风险，政府部门应充分发挥数字技术和网络平台在教育资源共享和职业技能培训等方面的优势，强化对农民数字素养和劳动技能培训的广度和深度，提升农民在劳动力市场上的竞争力。

最后，发挥数字政府在弥补"数字鸿沟"、缩小收入差距方面的潜力，提升数字经济发展的包容性。我们的实证研究表明，随着数字经济对低技能和低收入群体增收效应的逐步减弱，城乡、区域及群体间"数字鸿沟"效应可能进一步凸显，进而拉大收入差距、加剧社会分化。数字经济的发展一方面为加大财政转移支付力度提供了税收基础，另一方面也推动了政务和公共服务的数字化转型进程。数字政府在提高转移支付资金的使用效率、提升政策性补贴和扶持的精准化程度等方面还有巨大的潜力可以挖掘，如何提升数字政府在促进数字经济发展的包容性、推动共同富裕方面的潜能，值得学术界进一步关注和研究。

第五章
数字赋能与乡村和美宜居

　　建设美丽宜居乡村，"让农村成为安居乐业的美丽家园"是乡村振兴战略所确立的重要目标和任务。党的二十大进一步提出"统筹乡村基础设施和公共服务布局，建设宜居宜业和美乡村"的新要求，在美丽宜居基础上，强调了平安乡村与和谐乡村建设的重要性。乡村的和美宜居不仅有赖于公共服务与民生保障能力的提升，也对乡村治理水平提出了更高要求。数字技术通过其网络联通、信息赋能及社会包容等作用机制赋能农村公共服务与基层治理，不仅能有效提升农村医疗、教育服务和环境卫生治理水平，而且能强化基层民主监督与自主治理能力，为和美宜居乡村建设提供重要的技术支撑与数字化解决方案。本章在阐释数字技术赋能公共服务和乡村治理的主要实现路径基础上，在东、中、西部三个地区分别选取一个县作为案例，对其乡村治理与公共服务的数字化转型实践进行描述，以便更为直观地呈现我国公共服务和乡村治理数字化发展的现状、地域特色和区域间差异。最后，基于对三个案例的观察，本章对目前数字技术赋能乡村治理和公共服务的困难与挑战进行分析，并提出相应的对策建议。

第一节　数字技术赋能民生保障和公共服务

城乡基本公共服务均等化是乡村振兴的重要内容和共同富裕的内在要求。长期以来的层级分割、部门分割和城乡分割导致农村公共服务供给的碎片化，阻碍了农村公共服务的供给主体间有效发挥协同效应；而数字技术可以通过数字化整合，联通虚拟空间与实体功能推动农村公共服务供给主体由"物理拼接"向"化学反应"嬗进[1]，也为打破农村公共服务供给碎片化困境、进行整体性重构提供了可能。[2] 目前，我国已初步形成"覆盖城乡、上下联动、层级清晰"的五级网上服务体系[3]。在国家发改委发布的《国家基本公共服务标准（2023 年版）》的各项基本公共服务内容中，数字技术对包括幼有所育、学有所教、劳有所得、病有所医在内的诸多方面都有赋能作用。[4] 在医疗领域，数字技术能提升基层医疗卫生服务能力、强化对农村居民的健康管理、缓解农民看病难等问题。在教育领域，信息化基础设施建设与远程教育供给能有效缩小城乡教育资源差距，提升教育服务均等化水平。在文化服务领域，数字技术可以从供给侧增强农村公共文化服务的数字可及性，进而缓解当前农村公共文化服务供需结构性失衡的矛盾。

---

[1]　方堃、李帆、金铭：《基于整体性治理的数字乡村公共服务体系研究》，《电子政务》2019 年第 11 期，第 72~81 页。

[2]　汤资岚：《数字化转型下农村公共服务整体性供给：思路与进路》，《农林经济管理学报》2022 年第 1 期，第 120~126 页。

[3]　中国互联网络信息中心等：《第 47 次〈中国互联网络发展状况统计报告〉》［R/OL］．［2021-2］．http：//www.gov.cn/xinwen/2021-02/03/5584518/files/bd16adb5587 14132a829f43915bc1c9e.pdf。

[4]　国家发展改革委．《国家基本公共服务标准（2023 年版）》［S/OL］．（2023-08-06）［2023-09-10］．https：//www.ndrc.gov.cn/xwdt/tzgg/202308/P020230809627487368258.pdf。

一　数字技术赋能农村病有所医

医疗卫生资源分布不充分、不均衡是农村地区特别是中、西部农村地区群众就医需求难以满足的主要原因。2019 年，江苏、北京、上海每万人全科医生数分别是 5.9 人、4.3 人和 5.09 人，而西藏、甘肃分别是 1.83 人和 2.26 人。[①] 数字技术可以一定程度上打破医疗卫生资源空间分布不均衡的局面，通过向病人提供远程会诊、向基层医生提供在线指导等方式，提升优质医疗健康服务在农村地区的可及性、可获得性与可负担性。[②] 具体来说，数字技术可以通过以下几种途径提升农村公共医疗服务水平。第一，强化农村居民健康管理和医防融合。通过"互联网+农村医疗"的卫生服务平台建设，建立农户健康信息库和电子档案，并加快电子健康档案和医疗信息在不同地区、不同层级医疗机构互通共享，可以增强针对性、预防性医疗，加强面向农村居民的健康管理和医防融合。比如，浙江省湖州市南浔区自 2019 年起将城乡居民基本医保经办业务全面下沉，建立区—乡镇（街道）—村（社区）三级经办平台，并进一步推进经办服务流程精简化、标准化，提高了群众经办的便利性和工作效率。[③] 第二，提升基层医疗卫生服务能力。借助大数据技术，建立城乡医疗信息一体化服务平台，稳步推进城乡医疗卫生共同体建设，可以提高区域内医疗资源的配置效率，建立和完善分级诊疗、合理诊治、有序就医和转诊体系，提升基层医疗卫生服务能力。第三，缓解农民看病难问题。由于农村地区地理位置偏远，医疗资源相对缺乏，农民普遍面临看病难

[①] 国家卫生健康委员会编《中国卫生健康统计年鉴 2020》，中国协和医科大学出版社，2020。

[②] 李韬、冯贺霞、冯宇坤：《数字技术在健康贫困治理中的创新应用研究——以甘肃省临夏州数字健康扶贫实践为例》，《电子政务》2021 年第 9 期，第 47~57 页。

[③] 冯云、李梅、陆鑫：《湖州市南浔区推进医保服务下沉的实践与思考》，《中国医疗保险》2022 年第 3 期，第 53~56 页。

问题。"互联网+农村医疗"的卫生服务平台一方面可以帮助城镇医疗机构实施远程医疗，为偏远地区农民提供远程专家会诊、辅助开药等医事服务，同时为基层医生提供远程指导与教学等服务；另一方面，农村基层医生也可以"一键申请"远程会诊，在专家远程"手把手"指导下，为患者提供更加精准的诊断和治疗。此外，移动支付和数字金融等数字经济新业态的发展也有助于提高面向农村地区的医疗服务水平。例如，移动支付的普及可以通过放松家庭预算约束、提升社会资本效应和信息搜集效应等机制帮助农民获得更好的医疗服务①，互联网保险的发展能通过提高农村居民的商业保险可及性和高水平医院诊疗意愿等渠道，促进农村居民健康水平的提升。②

二　数字技术赋能农村学有所教

教育数字化转型可以带动数字教育资源公共服务走向智能化，促使数字教育资源公共服务均等化朝着数智赋能方向发展。③ 数字化作为基础教育高质量发展的重要驱动力，不仅实现了为教育赋能，还推动了教育的重塑与变革，实现交互式、情景式学习，促进教育公平化④。借助互联网技术手段开展"互联网+教育"，可以有效促进城市优质教育资源向农村地区辐射，实现教育资源的均衡配置和普惠共享。其实施路径主要包括如下。第一，建设信息化校园。通过完善农村学校基础信息网络，配备新媒体教学设备，满足远程教育等信息化教育的硬件要求，可以实现教育教学、教育管理、教育评

---

① 于明哲、黄乃静、梁珅华：《互联网保险发展对农村居民健康的影响研究——来自中国家庭追踪调查的微观证据》，《中国软科学》2022年第7期，第140~150页。
② 吕光明、刘文慧：《移动支付、医疗基础设施与农村居民医疗服务利用》，《北京社会科学》2022年第4期，第95~105页。
③ 田阳、栾慧敏：《数智赋能：数字教育资源公共服务均等化的新跃迁》，《终身教育研究》2023年第3期，第38~46页。
④ 王浩宇、张云婷：《数字化赋能基础教育高质量发展：价值、诉求及路径》，《教师教育论坛》2023年第6期，第21~23页。

价、生活服务等方面的信息化应用。第二，开展远程教育。借助信息化手段可以有效落实教育部"专递课堂""名校网络课堂""名师课堂"三个课堂建设，实现城市优质教育资源向农村地区的辐射与共享，提升后者的教育教学质量。"专递课堂"强调专门性，是针对农村薄弱学校和教学点缺少师资、开不足开不好国家规定课程的问题，采用网上专门开课或同步上课、利用互联网按照教学进度推送适切的优质教育资源等形式，帮助其开齐开足开好国家规定课程，促进教育公平和均衡发展。"名师课堂"强调共享性，主要针对教师教学能力不强、专业发展水平不高的问题，通过组建网络研修共同体等方式，发挥名师名课示范效应，探索网络环境下教研活动的新形态，以优秀教师带动普通教师水平提升，使名师资源得到更大范围共享，促进教师专业发展。"名校网络课堂"强调开放性，主要针对有效缩小区域、城乡、学校之间教育质量差距的迫切需求，以优质学校为主体，通过网络学校、网络课程等形式，系统性、全方位地推动优质教育资源在区域或全国范围内共享，满足学生对个性化发展和高质量教育的需求。智慧教育产品打造低成本、高效的数字化教育培训服务平台，全面整合教学、管理相关数据，提供可视化看板和分析决策平台。在体育教育方面，依托数字技术赋能网络公益产业可以革新乡村体育教育发展格局，推进社会体育资源公平分配，弥合城乡体育鸿沟，促进乡村体育教育振兴。比如陕西省宜君县充分利用数字技术提升乡村基础教育设施的硬件、软件及闭环体系，助推体育教育发展。[①]

三 数字技术赋能农村公共文化服务

公共文化服务建设是实现乡村文化振兴、巩固脱贫攻坚成果的

---

① 侯鹏、杨楠：《网络公益振兴乡村体育教育的实践与思考》，《当代体育科技》2022年第32期，第87~90+119页。

重要载体，面对农村数字化建设的新态势，有必要将数字元素融入农村公共文化服务建设体系，增强农村公共文化服务的数字可及性。[①] 数字技术赋能农村公共文化服务供给侧数字化转型，可以有效缓解当前农村公共文化服务供需结构性失衡的困境。[②] 近年来，为促进公共数字文化服务更好发展，我国各级政府相继出台了一系列政策。[③] 信息技术改变了公共文化服务基础环境，数字技术促成了数字、数据和文化之间的高适配和高融合，能让公共文化服务供给突破时空边界，打破资源约束，在精准把握消费者需求的基础上，产生便利快捷有效的数字化服务形态。[④] 首先，数字技术可以赋能县级融媒体建设。县级融媒体作为基层文化传播的主阵地，一方面担负着传播党和国家声音、弘扬社会主义核心价值观的重要使命；另一方面具有普及法律知识、强化村民法律意识的重要功能。借助新媒体传播在速度快、成本低、覆盖面广、互动性强等方面的优势，县级融媒体平台可以积极探索本地法治建设的数字化模式，结合当地法治案例，普及法律知识，强化村民借助法律工具保护合法权益的意识和能力。其次，数字技术赋能农村数字博物馆建设，可以加强对农耕文化的传承保护，推进非物质文化遗产和重要农业文化遗产保护利用。调查显示，2000 年我国自然村总数为 363 万个，到 2010 年已锐减为 271 万个，这意味着每天要消失 200 多个自然村，[⑤] 许多技艺传承人、地方戏曲等面临着"经济危机"，祠堂、戏台、古院落

---

① 罗娟：《过程型逻辑：数字乡村建设背景下农村公共文化服务可及性的实现机制》，《农村经济》2022 年第 10 期，第 82~90 页。

② 邵明华、刘鹏：《数字赋能农村公共文化服务高质量供给：价值意蕴、动力机制与路径创新》，《图书馆论坛》2023 年第 1 期，第 40~48 页。

③ 朱益平、金悦、樊丽珍：《我国公共数字文化服务政策主题变迁与文本量化研究》，《图书馆建设》2024 年第 1 期。

④ 张宏伟：《公共文化服务数字化赋能的影响逻辑和发展面向》，《图书馆论坛》2024 年第 3 期。

⑤ 《别让古村落坍塌于"火之殇"》［N/OL］．［2014-12-23］，凤凰网，https：//news. ifeng. com/a/20141223/42776702_ 0. shtml。

等饱含历史文化的古建筑正在逐渐被拆除、改建。在古村落保护方面，数字技术可以通过信息技术手段对传统村落资源进行挖掘、梳理、保存、推广，以网站、App、小程序等形式建设数字博物馆平台，集中展示村落的自然地理、传统建筑、村落地图、民俗文化、特色产业等。例如福建闽清县樟洋村的乡村数字博物馆，可以360°全方位展示当地的地理风貌。通过数字 VR 技术，游客通过网络即能感受到高山传统村落的人文地理气息，旅游不再受时空的限制。同时，当地的特色农产品也能够通过网络走出乡村，增加村民收入。

第二节　数字技术赋能乡村治理

2019 年 6 月，中共中央办公厅、国务院办公厅印发《关于加强和改进乡村治理的指导意见》，将实现有效的乡村治理作为乡村振兴的重要内容，指出要推进乡村治理体系和治理能力的现代化、夯实乡村振兴基层基础。① 当前中国乡村治理面临规则缺失、规则不适和规则漠视等多重制度困境，数字技术有助于拓宽乡村治理规则供给的渠道、促进乡村治理规则的有序执行并保障乡村治理规则的顺畅运行，从而全面赋能乡村治理。② 中国的乡村数字治理，就是通过数字化乡村治理的政务组织行为体系，构建数字化、信息化、网络化和智能化的新科技设施与技术规则，以推进乡村数字经济社会建设和实现村民

---

① 《中共中央办公厅 国务院办公厅印发〈关于加强和改进乡村治理的指导意见〉》[EB/OL].［2019-06-23］.中国政府网，https：//www.gov.cn/zhengce/2019-06/23/content_ 5402625. htm。

② 王亚华、李星光：《数字技术赋能乡村治理的制度分析与理论启示》，《中国农村经济》2022 年第 8 期，第 132~144 页。

数字化美好生活的新型智能治理活动。① 俞可平提出"善治"有十个重要指标②，数字乡村治理可以在有效性、公共性和规范性三个层面促成乡村走向善治：在有效性层面，能增强基层风险应对能力，改善乡村治理专业化水平；在公共性层面，能重塑村民利益诉求，强化村民参与意识与管理者责任感；在规范性层面，能纠正基层权力"跑偏"，规范乡村治理流程。③ 乡村治理主要涵盖农村的基层党务、村务和财务"三务"管理、平安乡村建设以及生态环境治理等方面。数字技术通过对上述领域进行赋能，可以提升乡村治理的效率和自主治理水平。④

一　数字技术赋能农村"三务"管理

第一，以数字技术赋能涉农服务。通过建立数字化网络平台，加快推动"互联网+村务"服务向农村基层延伸，实现涉农村务服务"网上办""马上办""一网通办"，打通乡村村务服务"最后一公里"。数字信息的传递过程的特性是无须经过中介主体的中转而直接实现两两主体之间的互动和往返。⑤ 数字的这一敏捷性和去中介性特征与农村公共服务供给中的结果评价环节相结合，增强了公共服务信息透明度和村民即时信息获取与反馈能力。⑥ 依托智慧村务等数字技

---

① 刘俊祥、曾森：《中国乡村数字治理的智理属性、顶层设计与探索实践》，《兰州大学学报》（社会科学版）2020年第1期，第64~71页。

② 俞可平：《政治与政治学》，社会科学文献出版社，2003。

③ 马丽、张国磊：《"互联网+"乡村治理的耦合、挑战与优化》，《电子政务》2020年第12期，第31~39页 。

④ 李燕凌、陈梦雅：《数字赋能如何促进乡村自主治理？——基于"映山红"计划的案例分析》，《南京农业大学学报》（社会科学版）2022年第3期，第65~74页。

⑤ 郁建兴、樊靓：《数字技术赋能社会治理及其限度——以杭州城市大脑为分析对象》，《经济社会体制比较》2022年第1期，第117~126页。

⑥ 陈朝兵、赵阳光：《数字赋能如何推动农村公共服务高质量供给——基于四川省邛崃市陶坝村"为村"平台的案例研究》，《农业经济问题》2023年第12期。

术平台，一方面，村民能更加便捷地了解政府提供的涉农服务事项和办事流程，降低办事被动性和盲目性；另一方面，政府部门可以通过技术平台及时了解村民的服务需求偏好，提高服务的针对性和有效性。

第二，以数字技术赋能党建管理。创新基于信息技术融合党建的乡村治理机制是信息时代农村社会发展的必然需要，也是党建工作适应农村社会转型发展的必然要求。[①] 针对乡村流动党员多、管理难度大、组织生活难的问题，以党章、党支部工作条例等一系列党内政策法规为依据，打造出集宣传、教育、管理、服务于一体的"标准化+数字化+智能化+国产化"智慧党建产品体系，用互联网思维、信息化手段促进党建工作全面提升，助力乡村组织建设数字化。

第三，建立多元化村治平台。受时空的限制，基层政府往往是单一的治理主体，人民群众作为权利主体往往被习惯性忽略，普通村民在参与乡村治理过程中的合理诉求往往被乡镇政府和村委会的基层叙事遮蔽或湮没。数字技术可以很好地打破这种时空限制，通过多元化乡村治理平台，保障了老百姓在参与村级事务管理过程中的知情权、参与权、选举权，打破对乡村治理的权利分割和话语垄断，建构起农民基层社会与国家意识形态的精神通道，真正打通基层治理"最后一公里"，从而使乡村治理更加务实高效。[②]

二 数字技术赋能平安乡村建设

数字化监管是推动乡村综合整治转型升级的重要突破口，能够通过数字技术的低交易成本、易时空转换和高关联匹配等特性，兼顾乡

---

① 宗成峰、朱启臻：《"互联网+党建"引领乡村治理机制创新——基于新时代"枫桥经验"的探讨》，《西北农林科技大学学报》（社会科学版）2020年第5期，第1~8页。

② 王越、费爱华：《从组织传播到大众传播：国家治理乡村社会的策略演进》，《南京社会科学》2012年第4期，第7页。

村综合整治中的工具理性与价值理性，实现乡村治理的联动性和综合性。① 第一，"雪亮工程"建设。农村"雪亮工程"是以县、乡、村三级综治中心为指挥平台、以综治信息化为支撑、以网格化管理为基础、以公共安全视频监控联网应用为重点的"群众性治安防控工程"。它通过三级综治中心建设把治安防范措施延伸到群众身边，发动社会力量和广大群众共同监看视频监控，共同参与治安防范，从而真正实现治安防控"全覆盖、无死角"。② 第二，智慧应急平台建设，这是针对区县、乡镇政府的应急救援、防灾减灾、安全生产三大职能的业务需求，充分利用物联网、5G、云计算、双中台、大数据、人工智能等新技术，形成智慧应急大脑（数据中台、业务中台），构建智能应用，实现全方位预防管理、一体化应急指挥、精准预警决策。第三，疫情防控平台建设，基于数字技术精准定位、识别和深度学习算法等优势，能根据农村疫情防控特点及返岗复工需求，提供村民健康打卡、疫情线索上报、外来人口上报、新冠肺炎科普、返岗复工服务等功能，有效提升农村疫情防控能力。

三 数字技术赋能农村生态宜居

生态宜居是乡村振兴战略的五个振兴要求之一，也是乡村治理的重要内容。农村卫生主要包括生活环境卫生和生态环境保护两个方面，数字技术在这两个方面均可发挥积极作用。数字化治理与农村人居环境整治不仅具有理论契合性，而且有实践契合性。数字技术可以在多元主体联结、资源统合、整体协作和监督反馈四个方面

---

① 李利文：《乡村综合整治中的数字监管：以 D 村经验为例》，《电子政务》2020 年第 12 期，第 13～23 页。

② 丁兆威：《"雪亮工程"照亮平安乡村路》，《中国公共安全》2020 年第 Z2 期，第 124～128 页。

促进对农村人居环境的有效治理。① 在人居环境卫生方面，可以借助数字技术对农村生活垃圾收运和农村生活污水处理实施动态化监测和智能化处置，有效提升生活垃圾处理水平，改善农村人居环境。农村生活垃圾收运数字化监管是指利用物联网、人工智能等信息技术手段，对农村生活垃圾收集、运输、回收、处理等全过程进行监测分析，实时监测垃圾清运数量，提高处理收运效率。农村生活污水治理监测是指利用物联网、卫星遥感数据、无人机、高清视频监控等技术，对农村生活污水处理设施运行情况进行实时监控和智能预警，开展过程管控、水质监控和设施运营状态评估。农村生态环境保护数字化是指通过物联网、人工智能、卫星遥感、高清视频监控等信息技术手段，对农业农村生态环境的现状、变化、趋势进行综合监测分析，助力推进农村生态系统科学保护修复和污染防治，持续改善农村生态环境质量。如在农村河流、水库、地下河流设置数据采集点，定时对水源质量进行综合性自动检测，发现问题自动预警，相关部门可及时采取生态修复措施。此外，借助数字技术的信息效应可以提高农村居民对生态环境问题的认知和评估能力，通过数字技术的渠道效应能够明显降低农村居民参与环境治理的预期成本，普通农村居民都可能在网络空间中更积极地表达自己的想法，促进农村环境多中心治理模式的形成。②

第三节　数字技术赋能乡村治理的案例分析

本节选取浙江省德清县、湖南省汨罗市和广西壮族自治区富川

---

①　张诚、刘旭：《农村人居环境数字化治理：作用机理、现实挑战与优化路径》，《现代经济探讨》2023 年第 5 期，第 109~118 页。

②　张岳、冯梦微、易福金：《多中心治理视角下农村环境数字治理的逻辑、困境与进路》，《农业经济问题》2024 年第 3 期。

县三地作为案例，分别介绍其运用数字技术赋能乡村治理与公共服务的探索实践，以直观呈现我国乡村治理和公共服务数字化发展的基本现状和区域差异。这三地分别位于我国东中西部地区，其中德清县和富川县为国家首批数字乡村建设试点县，汨罗市为湖南省首批数字乡村试点地区。德清县案例分析的相关素材主要来自政府和新闻媒体的相关报道以及学术界的前期研究成果，汨罗和富川两地的相关素材主要来自本书作者 2023 年 6 月赴两地开展的实地调研。

一　浙江省德清县

早在 2003 年 1 月，时任浙江省委书记习近平在省十届人大一次会议上，就前瞻性地提出"数字浙江"建设。2014 年，在时任浙江省省长李强主导下，浙江开通运行了全国首个省、市、县一体化的网上政务服务平台——浙江政务服务网。经过多年发展，浙江数字政府和政务系统已经实现了省、市、县、乡、村五级机构的组织在线，特别是聚焦"最多跑一次"改革的"互联网 + 政务服务"取得了突破性进展。在此基础上，浙江在运用数字技术开展农村基层治理模式创新方面也走在了全国前列，而德清县探索实施的"数字乡村一张图"乡村综合治理模式即为其中的典范。

德清县隶属浙江省湖州市，位于浙江省北部，距杭州市中心高铁仅 16 分钟车程，是杭州都市区的重要节点县。全县总面积 936 平方公里，下辖 8 个镇 5 个街道。截至 2022 年底，全县户籍人口 44.32 万人，常住人口 55.38 万人，城镇化率为 62.7%。2022 年，德清县实现地区生产总值 658.2 亿元，按户籍人口计算，全县人均生产总值为 148538 元；按常住人口计算，全县人均生产总值为 118852 元。2012~2022 年，德清县地区生产总值由 308 亿元增长至 658.2 亿元，实现了翻番；三次产业增加值占比由 7.0∶57.2∶35.8 调整为 4.2∶

57.8∶38.0，第二产业占比稳定保持在50%以上。从财政状况看，近十年来，德清县一般公共预算收支逆差逐渐拉大，从2012年的2.6亿元扩大到2021年的21.8亿元。①从城乡居民收入水平看，德清县的农村居民人均可支配收入从2012年的17669元增加到2022年的45433元，按名义计价增长近1.6倍。同期，德清县城镇居民人均可支配收入由33377元增加至71707元，名义增长1.1倍；城乡收入倍差由1.89下降至1.58，明显低于全国平均水平。②

早在2012年，德清县就结合县域实际，将地理信息产业作为全县产业发展的突破口，出台了《地理信息企业培大育强三年行动计划》，围绕地理测绘、软件开发服务、卫星遥感等项目进行全产业链布局。在此基础上，进一步将地理信息、人工智能、通航智造作为"三大特色新兴产业"纳入其现代化产业布局。2018年9月，当地政府制定了《德清县"城市大脑"建设实施方案（2019—2021年）》，计划用三年时间，以提升民生服务和城市治理为重点，全力开展"城市大脑"和新型智慧城市建设，构建"一屏可知全局、一图全面感知"的线上德清。同年11月，首届联合国世界地理信息大会在德清举办，推动了无人机航拍、三维地图、遥感影像、高精度定位等地理信息技术在德清县域的运用。

2019年9月，德清县尝试应用遥感监测等地理信息技术赋能乡村治理，在城市大脑基础上探索乡村智治新模式，在其下辖的莫干山镇五四村率先启动"数字乡村一张图"项目，在整合全村500多个感知设备基础上构建覆盖全村的物联感知网和信息智能化处理系统，实现了垃圾分类、农地保护、水域监测等重要村务的可视化监控和智

---

① 德清县财政局：《德清县2022年财政决算草案报告》．[EB/OL]．[2023-08-24]．http：//www. deqing. gov. cn/art/2023/8/24/art_ 1229518849_ 3940366. html．

② 德清县统计局：《2022年德清县国民经济和社会发展统计公报》．[EB/OL]．[2023-03-30]．http：//www. deqing. gov. cn/art/2023/3/30/art_ 1229212621_ 59070321. html．

能化管理，显著提升了乡村治理的效率。2019 年 10 月，时任浙江省省长袁家军在调研五四村乡村治理时予以充分肯定，指出德清县构建的乡村治理数字化平台闯出了"数字乡村一张图"的发展新路，可以作为全省的典型示范。同年 12 月，德清县发布《德清县构建乡村治理数字化平台助推数字乡村建设实施方案》，决定以五四村为样本，在全县范围内建设乡村治理数字化平台，并计划在 2020 年底前基本实现全县"数字乡村一张图"（见图 5-1），为全省乡村治理数字化提供"德清经验"。①

图 5-1　德清县五四村"数字乡村一张图"

资料来源：《浙江德清："数字乡村一张图"描绘未来美好图景》，新华网，2023 年 10 月 24 日，http://www.news.cn/local/2023-10/24/c_ 1129935901. htm。

---

① 《德清县人民政府办公室关于印发德清县构建乡村治理数字化平台助推数字乡村建设实施方案的通知》［EB/OL］．［2019-12-23］．http：//www.deqing.gov.cn/hzgov/front/s134/zfxxgk/fggw/xzfwj/20191231/i2596270. html。

2020 年 10 月，德清入选国家首批数字乡村试点地区。与此同期，德清县在全国率先发布《"数字乡村一张图"数字化平台建设规范》和《乡村数字化治理指南》两项县级地方标准规范，旨在进一步推动全县乡村数字化建设的迭代升级，并为全国其他地区提供可借鉴、可复制、可推广的德清经验。截至 2022 年初，"数字乡村一张图"在湖州市所有行政村实现全覆盖，并在浙江省内其他地区、江苏、四川、广东等地得到应用和推广。

根据当地有关部门的总结，德清县以浙江省建设"整体智治、唯实惟先"现代政府理念为指引，在探索"数字乡村一张图"乡村智治新模式过程中形成了以下几方面的特色。

第一，以"整体"为理念优化重构乡村数字治理框架体系，探索建立"一三五"整体架构。"一"是依托省市公共数据平台和城市大脑，打造统一的数据底座；"三"是"一图一端一中心"三个应用支撑载体，即一张动态交互的数字乡村治理全景图，与"一张图"相匹配的以"浙里办""浙政钉"为核心的移动应用端，以及依托基层治理四平台构建的乡村数字治理指挥体系；"五"是推动乡村经营、乡村服务、乡村监管、乡村治理、基础设施五大领域数字化。

第二，以"智治"为核心大力推进乡村治理可视化、数字化、智能化。一是依托地理信息技术，实现乡村治理可视化。二是聚焦数据归集共享，探索乡村治理数字化。通过政务数据接入、现场数据采集和物联感知设备推送等渠道，归集 58 个部门 282 类数据，实时共享时空信息、基层治理四平台、垃圾分类等 15 个系统数据。三是着眼辅助管理决策，促进乡村治理智能化。聚焦数据量化分析，通过智能搜索、异动管理、工单流转等功能，逐步实现"人、事、地、物"精准可查、分析报告自动生成、异动管理一键可知。

第三，以"唯实"为导向注重实效丰富乡村治理场景。根据各村以及镇（街道）、职能部门服务管理实际需求，上线民宿管理、水域监测、智慧气象等 120 余项功能。结合"村社通",减少各种人工重复性表格填报,改由公共数据平台直接取数,有效解放了基层干部的手脚。

第四,以"惟先"为主轴创新再造乡村治理流程。一是打通一站式公共服务通道。推动"最多跑一次"改革向村级延伸,组建"掌上办"代办员,依托政务服务网、"浙里办",引导村民就近在线办理社会保险、挂号就诊等事项,推出在线求职、慢病管理、助残养老等民生服务。二是构建闭环式民生治理链条。通过"我德清"等数字化移动终端所设置的"随手拍"和"随心问"等功能,实时反映村庄异动和村情民意,构建"反映—响应—处理—反馈—评价"的闭环管理机制和村民对公共事务的制度性参与路径(见图 5-2)。

图 5-2　"我德清"微信小程序页面

三是制定规范化标准。发布国内首个数字乡村建设与治理指导性地方标准，为形成可借鉴可推广的德清经验提供制度规范。①

二 湖南省汨罗市

汨罗市位于湖南省东北部，是由岳阳市代管的县级市，因境内有汨水、罗水汇合成汨罗江而得此名。汨罗地处长沙、岳阳两市中点，区位优越、交通发达，是长株潭1小时经济圈的重要城市、洞庭湖生态经济区的重要节点。2023年，全市下辖15个镇、179个村（社区），总面积1562平方公里，总人口67万人。

汨罗市经济发展水平处于全省前列，2021年入选湖南省县域经济高质量发展先进县10强，排名第十。② 从2012年到2022年，汨罗市地区生产总值翻了一番，产值增速大部分年份高于全国水平；2022年，汨罗全年完成地区生产总值490.7亿元，人均GDP达到88415.6元。从产业结构看，2012~2022年，汨罗的三次产业占比从13.0∶60.4∶26.6，调整为10.4∶42.8∶46.8，第二产业占比下降近20个百分点，第三产业占比上升超过20个百分点。③ 从财政状况看，近10年来，汨罗市一般公共收支预算收支逆差逐渐拉大。从2012年的13.8亿元扩大到2022年的35.6亿元。④ 从城乡居民收入水平看，自2012年以来，汨罗市的农村居民人均可支配收入

① 湖州市科学技术局：《数字治理："数字乡村一张图"发展路径》．[EB/OL]．[2021-12-01]．https://kjj.huzhou.gov.cn/art/2021/12/1/art_1229209509_58927985.html。

② 《【县域经济榜单发布】汨罗市：优工强市，营建活力汨罗》 [N/OL]．[2021-12-31]．红网，https://ldhn.rednet.cn/content/2021/12/31/10698564.html。

③ 汨罗市统计局：《汨罗市2022年国民经济和社会发展统计公报》．[EB/OL]．[2023-03-28]．https：//www.yueyang.gov.cn/tjgb/content_2052707.html。

④ 汨罗市财政局：《022年度汨罗市政府决算公开》[EB/OL]．[2023-08-11]．http：//www.miluo.gov.cn/25305/55848/55849/content_2128244.html。

逐年增长，按名义计价增长超过 1.6 倍，从 2012 年的 9421 元增加到 2022 年的 24736 元。同年，汨罗市城镇居民人均可支配收入 41386 元，城乡收入倍差为 1.67，达到 10 年来的新低。自 2012 年以来，汨罗市城乡人均收入倍差始终明显低于湖南省和全国的平均水平，并且呈逐年下降趋势，由 2012 年的 2.48 下降至 2022 年的 1.67。①

2023 年 6 月 11~15 日，课题组一行 4 人赴汨罗市就数字乡村建设情况开展调研，在当地有关部门协助下，课题组走访调研了长乐镇、桃林寺镇等 5 个镇下辖的 7 个行政村和社区，发放并回收了 5 个镇下辖 58 个行政村的调查问卷。

问卷调查结果显示，58 个行政村的平均宽带接入率（家中通宽带户数与总户数之比）为 77.2%，智能手机使用率（使用智能手机人数与常住人口数之比）为 73.8%。根据中国互联网络信息中心发布的第 52 次《中国互联网络发展状况统计报告》，截至 2023 年 6 月，我国网民使用手机上网的比例达 99.8%，我国农村地区互联网普及率为 60.5%。显然，汨罗市农村地区的互联网普及率要明显高于全国平均水平，这也为当地推进乡村治理数字化转型奠定了较好的基础。

问卷调查显示，当地 84.5% 的行政村会通过网络渠道公开发布村务、党务和财务信息，有 98% 的行政村建立了微信或钉钉工作群。从社会养老保险、基本医疗保险、婚育登记、劳动就业、社会救助、农用地审批、涉农补贴等 7 类公共服务的线上办理情况看，社会养老保险和医疗保险已实现 58 个村全覆盖，2/3 以上行政村实现了婚育登记、劳动就业、社会救助服务的线上办理，一半以上行政村实现了农用地审批和涉农补贴的线上办理（见图 5-3）。

---

① 各项数据整理自《中国统计年鉴》《汨罗年鉴》和 2012~2022 年汨罗市国民经济和社会发展统计公报、历年汨罗市政府决算公开数据。——作者注

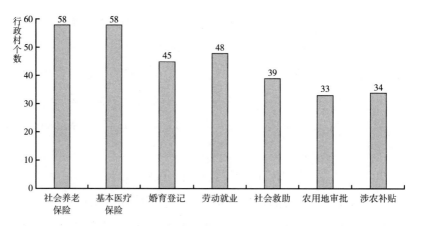

图5-3　汨罗市涉农公共服务线上办理情况统计

资料来源：课题组赴湖南汨罗市调查问卷。

2021年，汨罗市下辖古培镇雨坛村开始自主探索信息化平台建设，以提升乡村治理水平和公共服务能力，取得了较为明显的成效。在当地有关部门推动下，"智慧乡村"平台开始在古培镇整镇推进，并在弼时镇序贤村、罗江镇石仑山村、归义镇龙舟社区进行试点。2023年7月，汨罗市入选湖南省数字乡村综合试点地区。当地政府决定以此为契机，在其他13个镇进行试点，以每镇试点一个村的方式逐步推进"智慧乡村"平台建设。① 总的看，汨罗市的特色做法是将"智慧乡村"信息化平台建设与"网格化"基层治理和服务体系相结合，充分调动网格员的积极性推动乡村治理与公共服务的信息化和数字化转型。

【雨坛村"智慧乡村"信息化基层治理平台】

雨坛村位于古培镇东北部，村域面积9.5平方公里，耕地面积2500余亩，下辖25个村民小组。2023年，全村共727户2920人。

---

① 《岳阳两地入选省级数字乡村综合试点区》［EB/OL］．［2023-07-31］．https：//yy. voc. com. cn/view. php？tid＝56094&cid＝26。

其中，青壮年劳动力（16~60岁）1842人，占比63.1%，65岁以上人口398人，占比13.6%。青壮年劳动力稳定在外务工人数409人，家门口就业1258人。雨坛村距离汨罗市城区仅2公里、距高铁站仅3公里，G536国道横跨而过，平益高速贯通全境。近年来，该村积极探索"智慧乡村"建设，对辖区人口、民生建设、公共服务进行数字化治理，将信息技术这个"最大变量"转化为促进乡村治理现代化的"最大增量"，2021年被评为省级乡村振兴示范村、岳阳市级先进基层党组织。

2021年12月，雨坛村正式启动"智慧乡村"建设，与软件公司合作打造"雨坛一家人"小程序（见图5-4），平台运营由村支两委

图5-4　"雨坛一家人"微信小程序页面

负责，数据覆盖家庭成员、乡友乡贤、民政救助、弱势群体、重点人群、脱贫监测、妇幼保健、在读学生、生产资料、住房情况、车辆登记、就业状况、劳动力资源、农副产品、党员干部联户等信息，同时可以家庭、组别等方式进行检索，界面直观、使用方便、信息充分。在政务服务方面，提供居住证明、婚育登记、电表开户等事项服务，全程线上生成、线上审批、线上反馈；在生活服务方面，建立"商务车""心理咨询""法律援助"等模块；在商务服务方面，村集体经济组织与各大银行、保险公司、通信运营商签订协议，建立"银行""保险"模块。

为方便数据采集与常态化更新，雨坛村采用"管家制"管理，选用一些当地党员骨干、热心公共事业的妇女同志作为"智慧管家"或"网格员"，由"智慧管家"采集、核实、上传、更新数据，辅导老百姓使用小程序，在数字乡村建设中起到了非常积极的效果。为激发群众参与热情，平台采用"积分制"。信息平台将村务工作和民生实事细化为77个积分指标，用"随手拍"上传有关村级事务的照片、自主更新个人和家庭信息、订阅村级通知、网上缴纳医保等可获得积分，积分以组为单位排名，1积分等于5角钱，可在村里的积分兑换点兑换商品（见图5-5），实际资金从村集体收入中支出。

图5-5 "雨坛一家人"平台演示与积分兑换点

资料来源：《汨罗："量身"打造"智慧乡村"，"一家人"办事更高效》．[N/OL]．[2022-12-2]．汨罗新闻网，https://miluo-xhncloud.voc.com.cn/content/5302368。

目前已有近700户参与到积分管理体系中，参与率92.6%，累计获得26090个积分，群众参与度较高。"智慧管家"的待遇问题也可以通过平台"积分制"自行解决，从而减轻了村及上级财政支出负担。资金来源方面，数字乡村平台建设资金来自镇政府一般预算，标准为2万元/村。软件开发公司授权各村应用推广App，只收取服务费。安全保障方面，数据按镇存储，每个镇数据库相互隔离；镇政府与国有通信运营商（移动、联通、电信）签订协议，国有企业安全更有保障；水印防截屏，查看留痕，导出手机验证，登录人脸识别；数据库中村民信息（身份证号码、手机号码）加密存储，有效防范黑客攻击；便民服务小程序中，每个村民只能看见本家庭的隐私信息。

"雨坛一家人"平台应用以来，体现了以下治理优势。一是建模时间短，使用周期长。村干部、智慧管家、群众都能够较快学会操作，参与互动。数据一次录入，可以长期使用，其范围涵盖党建、网格化治理、便民服务、疫情防控、村民自治、平安建设、生活服务等18个大项、共54个子项目。此后，只需定期更新村民信息即可长期运行。二是投入成本低，运行效率高。雨坛村目前投入资金主要是信息服务费用每年2万元，运行以来产生奖励积分费用1.3万元，同时有效解决了村干部惯常碰到的"路跑烂、喉喊干、人不在"的窘况。三是维护费用小，发挥作用大。采用积分鼓励村民自主更新信息，平台积分可在指定商店兑换商品，减少了信息更新费用，且受到群众欢迎。平台既可以动态发布就业招工信息，也可以提供金融服务信息。设立就业板块，建立就业信息匹配机制，将本村劳动力的工种、技能细化分类，联通人社局"人力资源市场"，同步更新企业招聘信息，新增"家门口就业"50余人，实现农民人均年增收4.2万元。与银行、保险、通信运营商签订协议，建立"银行""保险""宽带"模块，村民可线上办理业务并享受优惠。通过录入基础信息初步建立起群众信用评价，并加强与农商行对接，争取了降门槛、减程序、免担保金融产品，试点整村授信、普惠金融，短时间内实现授信 106 户，授信金额 1900 余万元。农业生产服务方面，核实完善农业和种养殖大户等数据，同步整合农业生产、农技消息、气象预报、种子信息、肥料供销等信息推送。将农业生产相关信息精准推送给大小种养单元，实现农业科技与信息平台同步。四是基层负担少，群众实惠多。数字化平台有效将村干部从重复性的日常事务中解放出来，大幅减少多次重复摸底调查和统计报表的工作量，极大地为基层干部减轻负担，腾出手来做重点中心工作。实现群众与村干部的无障碍线上反馈、点对点线下沟通，推动村民共治共享，使数字乡村成为平安乡村的基石。雨坛村在利用平台开展疫情防控工作中感受相当明显：平台自动比对疫苗接种信息，接种情况一目了然，精准到人；群众在平台报备出行信息，个人有积分、防控更精准；组织全员核酸检测井然有序，各个核酸点从平台导出数据后人数清、底子清，组织高效。

三　广西富川县

富川瑶族自治县位于广西壮族自治区东北部，桂、粤、湘三省交界处，与周边发达城市距离较远，属广西贺州市下辖县。全县下辖12 个乡镇，137 个村委 19 个社区，总面积 1572 平方公里。全县户籍人口为 34.37 万人，其中瑶族人口 199645 人，占总人口的 58.1%。全县常住人口为 26.91 万人，其中城镇人口 11.54 万人，城镇化率为 42.88%。[①]

富川县属集"老""少""边""山""穷"于一体的典型特困民族地区，2012 年被列为国家扶贫开发工作重点县。"十三五"时期，

---

① 富川县统计局：《富川县 2021 年国民经济和社会发展统计公报》［EB/OL］．［2023 - 01 - 11］．http://www.gxfc.gov.cn/zwgk/zfxxgkzl/fdzdgknr01/sjfb/tjgb/t13833679.shtml。

全县共有 58 个贫困村、15553 户贫困户 68839 名贫困人口，贫困发生率近 1/5。国家实施精准扶贫方略以来，富川县脱贫攻坚成效显著，2018 年成为广西首批脱贫出列的少数民族国定贫困县。2016 年和 2019 年，富川县两度入选全国电子商务进农村示范县。2021 年，入选国家数字乡村试点地区。

富川县经济体量偏小，2022 年全县完成地区生产总值 119.53 亿元，按常住人口计算，全县人均地区生产总值为 44371 元。在经济结构方面，第一产业占比始终保持在 1/3 以上，是典型的农业大县。2012~2022 年，富川县三次产业占比由 33.5∶41.2∶25.3 调整为 34.2∶34.1∶31.7，呈现二产下降、三产上升的变化趋势。其中，电力生产在富川第二产业中占较大比重。广西华润电力（贺州）有限公司是富川工业支柱企业，工业产值和税收分别占全县的 54% 和 37%。[①] 从财政状况看，近十年来，富川县财政收支逆差不断拉大，来自上级政府的转移支付成为县级公共支出的主要来源。从 2012 年的 12.1 亿元扩大到 2023 年的近 28 亿元。2022 年一般公共预算收入 3.88 亿元，一般公共预算支出达到 31.84 亿元，上级补助收入为 26.74 亿元。[②] 2012 年以来，富川县的农村居民人均可支配收入逐年增长，由 2012 年的 5380 元增长至 2022 年的 15877 元，按名义计价增长了近 2 倍。2022 年，全县居民人均可支配收入 23761 元，其中城镇居民人均可支配收入 35353 元，农村居民人均可支配收入 15877 元。城乡收入倍差由 2012 年的 3.44（自治区和全国水平分别为 3.0 和 2.88）下降为 2022 年的 2.23，已低于自治区（2.28）和全国平均

---

① 《"贺电送粤"助力瑶乡经济发展》[N/OL]．[2021-12-13]．人民网-广西频道，http://gx.people.com.cn/BIG5/n2/2021/1213/c390645-35048710.html。

② 富川财政局：《富川瑶族自治县人民政府关于 2022 年财政决算（草案）的报告》．[EB/OL]．[2023-09-11]．http://www.gxfc.gov.cn/zwgk/zfxxgkzl/fdzdgknr01/fcyzzzxysjsgkpt/zfjs/t17136739.shtml。

水平（2.45）。①

2023 年 6 月 5~9 日，课题组一行 4 人赴富川县就数字乡村建设情况开展调研，在当地有关部门协助下，课题组走访调研了福利镇、柳家乡、朝东镇、葛坡镇、莲山镇、白沙镇等 6 个乡镇下辖的 10 个行政村，发放并回收了 6 个乡镇下辖 73 个行政村的调查问卷。

农村信息基础设施建设是经济社会和乡村治理数字化转型的基础。据调查，富川县下辖行政村已实现 4G 网络全覆盖；并在全县范围内建成 300 多个 5G 基站，② 其中电信公司与联通公司实现基站共建共享，移动公司与广电公司共建共享，5G 信号基本覆盖城区。2022 年，富川县实施"壮美广西·智慧广电"乡村工程建设，以福利镇浮田村为示范点，建设安装了监控点位摄像头与应急广播大喇叭，并通过电视实现"三务"公开，村民在家通过有线电视可以实时进行查看；以浮田村为开端，以点带面，将"一村一屏"建设向全县铺展，完成 137 个行政村和 11 个社区的"一村一屏"建设。③

我们的问卷调查结果显示，71 个行政村的平均宽带接入率（家中通宽带户数与总户数之比）达到 85%，69 个行政村的智能手机使用率（使用智能手机人数与常住人口数之比）达到 67%。根据中国互联网络信息中心发布的第 52 次《中国互联网络发展状况统计报告》，截至 2023 年 6 月，我国农村地区互联网普及率为 60.5%。富川县农村地区的互联网普及率已明显高于全国平均水平。

随着农村信息基础设施的普及，富川县着力提升基层党建、"三务"公开、政务服务和综合治理等领域的数字化水平，并强化治理

---

① 《富川瑶族自治县 2022 年国民经济和社会发展统计公报》［EB/OL］．［2023-07-11］．http://www.gxfc.gov.cn/zwgk/zfxxgkzl/fdzdgknr01/sjfb/tjgb/t16772097.shtml.

② 资料来源：富川县宣传部网信办。

③ 资料来源：富川县文体广电和旅游局。

数字化的人才支撑，在乡村治理数字化转型方面取得了明显进展。

1. 智慧党建

在智慧党建方面，富川县实现了全县156个党群服务中心接入"壮美广西·党建云"，实现党员远程教育全覆盖。此外，当地还充分利用党建微资讯传播载体"一网一微一号"，实现信息多渠道分发、多终端呈现，基层党员干部可以通过网络获取党建学习信息，建成5个智慧农村党建平台试点村。比如，莲山镇莲塘村通过微信"视频号"直播党群会议，党员和群众可以通过网络实时观看会议，并可以通过评论等方式与会议现场进行交流（见图5-6）。

图5-6　莲山镇莲塘村党群会议直播

资料来源：课题组赴广西富川县调研资料。

2. "三务"公开

在"三务"公开领域，福利镇浮田村等部分试点行政村打造了定制数字乡村电视平台，农户可以通过家里的电视和手机查阅村里的"三务"公开信息，足不出户即可实现对党务、财务、村务的知情、监督和参与。莲山镇莲塘村也是如此（见图5-7）。我们的问卷调查也显示，目前，81%的行政村能通过网络渠道公开发布村务、党务和财务信息，97%的行政村设立了微信群或钉钉工作群。

图5-7　莲山镇莲塘村"三务"公开智慧广电平台

资料来源：课题组赴广西富川县调研资料。

3. 政务服务

在政务服务数字化方面，全县12个乡镇和156个政务服务中心均已实现互联网全覆盖，电子政务外网 vpn 账号已全部下发至乡（镇）、村，提供与群众生产生活密切相关的社保、医保、民政、农业、就业等公共服务和部分审批服务，让群众直接通过手机、电脑或自助终端机就能把事办成。课题组在朝东镇塘源村等行政村调研中了解到，针对部分老年人对互联网操作不熟悉的问题，村干部或驻村工作队员可以提供代办代缴等服务，一定程度上填补了政务服务方面的"数字鸿沟"。

4. 综合治理

在综合治理领域，富川县推进"数字平安富川"建设，建设了四期"天网"工程和"雪亮工程"，共安装了千余个视频监控探头。在秀水村网格化管理试点工作中，秀水村网格化管理工作实现了从纸质化表格转变为移动端的管理和 PC 端的展示。用户在该小程序中，通过认领平台下发的网格任务，精准到户工作，在政策法规宣传、矛盾纠纷调解、社会治安稳控、安全隐患排查、环境卫生整治、疫情防控等工作方面发挥了积极作用。

5. 人才队伍

为适应乡村治理数字化转型的需要，富川县通过推进干部队伍年轻化等方式强化乡镇和行政村人才队伍的建设。我们的问卷调查显示，37%的支部书记是"80 后""90 后"，其中"90 后"村支书占比达到7%。74%的村支书有高中或中专及以上学历，31%的村支书有本科或大专学历。干部队伍的年轻化和知识化使得数字化的治理在村一级的落实有了基层基础，年轻的干部队伍对于治理数字化乃至数字乡村的建设也有更强的进取心和开拓力。此外，为巩固拓展脱贫攻坚成果，在"摘帽不摘帮扶"等"四个不摘"政策的背景下，驻村"第一书记"、防贫监测信息员等工作队伍继续在脱贫村驻村，也充实了乡村治理数字化的人才队伍。

【朝东镇"数字乡村一张图"信息化平台】

朝东镇位于富川县西北部，与湖南省江永县接壤，下辖 21 个行政村。区域面积为 217 平方公里，2021 年户籍人口 35447 人，区域面积和户籍人口规模分别居富川县第一、第二位。

2021 年，朝东镇投资 230 万元，在富川县率先打造"数字乡村一张图"信息化服务平台。平台内容涵盖组织、产业、人才、文化、生态五大振兴领域，集成智慧党建、网格管理、数字农业等多个业务模块（见图 5-8）。

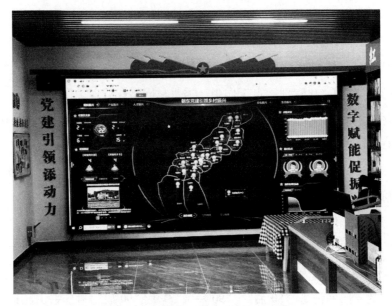

图 5-8 朝东镇"数字乡村一张图"

资料来源：课题组赴广西富川县调研资料。

在智慧党建方面，朝东镇基于信息化服务平台的基础数据，运营了集党员学习、党建会议、组织活动等管理服务功能于一体的"朝东工作服务"小程序，镇党委可以通过 PC 端大数据平台直观了解和智能分析基层党组织活动开展、党员学习、服务群众等情况。还同步推出与"智慧党建"小程序互联的"红色网格"小程序，一线党员、村内的非职务党员均可以通过移动终端，上传"我为百姓做实事"的相关记录、认领任务的工作记录等，打通了基层党组织、党员和群众需求的联系渠道，又加强了组织内部的凝聚力，加强了党组织力量。

在农业数字化转型方面，朝东镇通过"数字乡村一张图"信息服务平台，基本实现了全镇农田信息的汇总整合，并以其下辖塘源村富川冷泉香芋核心示范区种植基地为试点，安装了可实时监测土壤、水分、蚊虫等变量的远程虫情测报分析系统，管理人员在登录数字服务平台之后可以看到实时的气象信息、病虫害信息、土壤墒情等

（见图 5-9）。当遇到紧急情况时，系统设置了自动报警功能；系统对收集的相关数据还会进行留存，便于之后进行分析（见图 5-10）。

图 5-9　塘源村远程虫情测报分析系统设备

资料来源：课题组赴广西富川县调研资料。

图 5-10　塘源村香芋种植基地监测信息界面

资料来源：课题组赴广西富川县调研资料。

四 小结

从上述三个县（市）的案例可以看出，总体看，我国乡村治理与公共服务的数字化转型还处于起步阶段，在数字化建设水平和进度方面存在明显的区域差异，体现出我国经济社会发展区域不平衡的结构性特征。德清县由于地处经济发达的东部省份，不仅在人均地区生产总值和收入水平方面明显高于中、西部地区，而且在信息技术产业方面也有先发优势，能够对当地数字乡村发展提供必要的技术和人才支撑。再加上上级政府强有力的支持，使得德清县"数字乡村一张图"项目在不到一年时间内就实现了全县 137 个行政村的全覆盖，且在省内外产生了溢出效益。其数字化管理和服务平台在数据的融合水平、功能的丰富性及智能化程度等方面，都具有标杆意义。反观汨罗市和富川县，尽管两地分别入选了省和国家数字乡村试点地区，但受地区经济发展水平和财政支持能力等因素制约，其乡村治理与公共服务的数字化建设仍处于村镇一级的试点阶段，尚未在全县范围内推广，县有关部门也未能形成明确的顶层设计。从其数字化管理和服务平台的功能来看，汨罗市雨坛村的"智慧乡村"小程序平台集成了不同的工作模块，可以实现比较丰富的互动功能和多样化的办理事项，在积分兑换等激励措施下形成了较高的群众参与度。而富川县的数字化平台建设目前仅在一个乡镇开展试点，尽管该镇投入了较大数额的资金，建成了一个类似德清县的"数字乡村一张图"的信息可视化管理平台，但由于其数据来源和平台功能都相对单一，目前主要服务于乡镇管理部门的工作需要，尚未形成面向广大村民的生活和办事服务平台。我们在调研中了解到，即便是基层干部对于平台所能提供的诸如农情监控等方面功能也并不熟悉。因此，与汨罗市雨坛村从开发小程序入手、"花小钱办实事"的做法相比，富川县更为"高大上"的探索实践显得较为脱离实际，很大程度上影响了这一做法的可持续性和可推广性。

第四节　问题挑战及对策建议

一　存在的问题与挑战

（一）技术性阻碍：信息基础设施及数字素养的城乡区域差距

从技术层面看，乡村治理和公共服务的数字化要以互联网、智能化终端设备等信息基础设施的普及和基层干部与农村居民具备必要的数字素养为前提。尽管我们所调研和分析的三个县由于被纳入数字乡村试点地区等原因，在互联网普及率方面均呈现较高水平，但从全国范围看，无论在信息基础设施还是农村居民的数字素养方面，均存在较为突出的城乡和区域间差距，这成为制约乡村治理和公共服务数字化转型的重要技术障碍。

第52次《中国互联网络发展状况统计报告》显示，截至2023年6月，中国的互联网普及率为76.4%，其中，城镇地区互联网普及率为85.1%，农村地区互联网普及率为60.5%，[①]城乡之间在信息基础设施普及程度方面还存在不小的差距。从地区间差异看，东强西弱的总体格局短期内尚难以改变，甚至存在差距拉大的风险。农业农村部的调查显示，2020年全国县域农业农村信息化建设的财政投入总额达到341.4亿元，县均财政投入1292.3万元。其中，东部地区财政投入172.7亿元，占全国财政投入的50.6%，县均投入2263.7万元；中部地区投入66.6亿元，占全国的19.5%，县均投入784.6万元；西部地区投入102.1亿元，占全国的29.9%，县均投入991.2万

---

① 中国互联网络信息中心：《第52次〈中国互联网络发展状况统计报告〉》［R/OL］．［2023-9］，https://www.cnnic.net.cn/NMediaFile/2023/0908/MAIN1694151810549M3LV0UWOAV.pdf。

元。东部地区财政投入水平超过中、西部地区的总和。[①] 2021 年，全国公共安全视频图像应用系统的行政村覆盖率为 80.4%，其中，东部地区为 83.9%，中部地区为 83.4%，西部地区为 72.3%；全国六类涉农政务服务事项综合在线办事率达 68.2%，其中，东部地区为 72.5%，中部地区为 71.8%，西部地区为 62.3%。[②] 两项指标的东西部差距均在 10 个百分点以上。

从数字素养的城乡差距看，《乡村振兴战略背景下中国乡村数字素养调查分析报告》显示，2021 年我国城镇、乡村居民数字素养评价得分分别为 56.3 分和 35.1 分，后者的数字素养水平较前者低 37.7%。在不同职业类型中，农民的数字素养得分最低，仅为 18.6 分。[③] 且农村网民在信息使用方面以数字娱乐、社交通信等基础类应用为主，在具有较高文化与技能要求的深度应用方面与城镇网民相比存在更大差距。另据 2021 年第七次全国人口普查的数据，农村 60 岁及以上、65 岁及以上老人的比重分别为 23.81% 和 17.72%，比城镇分别高出了 7.99 个、6.61 个百分点。[④] 显而易见，人口结构老龄化是抑制农村智能手机使用率和数字素养水平的一个重要因素。

（二）制度性阻碍：制度供给缺失限制效能发挥

乡村治理和公共服务的数字化不仅是技术上的数字化，也是一次治理体系的变革，需要在新的治理模式下完善制度供给，需要打破原来的部门利益格局和制度桎梏，将碎片化的治理主体和服务主体进行整合，以适应数字化治理的需要、形成协同效应。相对于传统治理方

---

① 农业农村部信息中心：《2021 全国县域农业农村信息化发展水平评价报告》，2021。

② 农业农村部信息中心：《中国数字乡村发展报告（2022 年）》，2023。

③ 中国社会科学院信息化研究中心：《乡村振兴战略背景下中国乡村数字素养调查分析报告》，2021。

④ 《第七次全国人口普查公报》［EB/OL］．［2021-5-11］．中国政府网，https://www.gov.cn/guoqing/2021-05/13/content_ 5606149.htm。

式，数字化治理的特点在于能整合并发挥海量数据资源的优势来优化管理和决策，而数据标准缺失和共享机制受阻等制度供给的不足则会限制数字技术的优势得到有效发挥。

数据标准规范的缺失，主要表现为在数字乡村建设的起步阶段，关于数字化建设的内容、技术及数据采集、处理、使用等方面的技术标准尚未建立，导致各地试错成本高、建设效果参差不齐。随着数字技术的广泛应用，乡村各类主体治理诉求数据呈现海量、碎片、低质冗余等特征，这些庞杂的治理诉求数据兼容性很低，既导致了决策者认知资源的无谓消耗，也加大了数字化平台的整合难度。同时，现有法律针对哪些涉农数据可以对外开放、哪些数据能够对外共享等方面也尚未做出明确规定，数据权属模糊、公开标准缺失致使部分涉农部门不敢或不愿共享有关数据。2022年，中央一号文件指出要"加快推动数字乡村标准化建设，研究制定发展评价指标体系"，对规范、有序开展数字乡村建设提出了要求。

多主体参与的数字化平台要发挥其在乡村治理与公共服务中的资源整合与部门协同效应，需要以部门间顺畅的数据共享与信息交流为基础。除标准缺失和法制滞后等因素外，条块分割的行政体制也是阻碍数据资源共享并发挥其治理效能的重要原因。受科层体制和"部门本位"意识影响，各个行政部门的数据资源往往自成体系、互不开放，形成了难以突破的"数据孤岛"现象，成为制约数字化平台有效发挥作用的突出障碍。要破除乡村治理与服务中的"数据孤岛"问题及其背后的体制障碍，不是某一个或几个涉农部门所能解决的问题，需要从顶层设计的高度重新构建既有明确分工、又能高效协作的、整体化的现代治理体系。

（三）结构性风险：数字赋能异化为"数字负担"

1. 形式主义负担

数字化形式主义主要是指在基层治理中过度依靠数字化管理、线上台账管理等形式和手段，造成脱离群众和忽视现实等形式主义现象。[①] 在利用数字技术进行基层治理的过程中，由于科层制的惯性[②]，基层治理在数据生产（建立村级台账、信息统计等）过程中容易产生官僚主义和形式主义的问题。基层工作人员经常陷入呈报材料、总结经验的文山会海之中，上级监督和考核的各项工作事务也要以数字化形态去呈现。地方政府在对数字乡村建设的绩效考核中过度关注各类应用与数字化平台的访问量、政务公开信息数等量化指标，基层工作人员不得不花费精力在各类政务应用和平台上"留痕"，反复填写相同的材料、补台账、晒活动照片、晒摆拍等，这不仅加剧了基层行政工作重复性内耗等问题，也不利于基层减负的实现。手机上众多工作群成为基层工作人员在工作时间之外的"隐形工作"，要及时在工作群中回复和处理相关消息。同时，基层工作人员要完成走访、学习、宣传等数字平台的各类"打卡"任务，并且依据办事留痕的原则，还要上传工作时的照片和相关材料等。基层政务服务的 App 软件"纷繁复杂"，有些年终考核、工作报告、党费缴纳等日常业务也需要走相关政务平台，"指尖上工作"任务倍增。

2. "悬浮化"风险

在政治锦标赛的行动逻辑下，地方政府普遍担心在核心考核指标上落后于人。[③] 因此，在数字乡村建设被纳入国家乡村振兴规划的背景下，各地争先恐后投入巨资搭建乡村数字平台，在此过程中难免出现投资额过高、财政负担过重的问题；甚至为了彰显地方治理成效，不惜编造、伪造信息和数据，陷入"形象工程"竞赛误区，忽视

---

① 陈新：《注意力竞争与技术执行：数字化形式主义的反思及其超越》，《社会科学战线》2021 年第 8 期，第 229~234 页。

② 董磊明、欧阳杜菲：《从简约治理走向科层治理：乡村治理形态的嬗变》，《政治学研究》2023 年第 1 期，第 133~146、160 页。

③ 刘剑雄：《中国的政治锦标赛竞争研究》，《公共管理学报》2008 年第 3 期，第 24~29、121~122 页。

"互联网+"乡村治理本身的价值与意义。这将导致数字供给与农民需求脱节，导致数字乡村治理处于一种"悬浮"状态。基层政府严格遵照文件指示建设数字化治理平台，而忽视了村庄的实际发展需求。这些数字基础设施建设往往要耗费基层政府大量的人力、物力和财力，却与农民生产生活的关联度不高，只是为了应付上级政府的检查和考核，在治理过程中没有实际发挥治理效能，难以获得农民的认可。① 一些乡村建设者将数字乡村单纯理解为信息技术的简单应用，并未从根本上考虑数字技术与村民需求、乡村实际的对接与互融，部分乡村甚至仅仅搭建了一个初步的数字平台框架，但难以真正发挥实质性的治理效果，从而产生一种"表面数字化"假象。② 在第三节所讨论的案例中，也或多或少存在"表面数字化"的倾向，例如在平台内容设计上，形式化地按照"五大振兴"的要求进行布局，给人"千村一面"的视觉印象，对本地特有的乡村面貌和治理需求反而缺少应有的重视和体现。

3. "乡村性"被侵蚀风险

"乡村性"作为反映乡村社会关系、空间关系等乡村价值留存与再造的关键指标，是乡村区别于城市的核心本质。而数字技术的应用使得乡村治理呈现出更强的技术理性和非人格化特征。在乡村治理的数字化转型过程中，一旦数字技术不符合乡村的实际应用场景和农民的切实需求，很可能因为技术应用不适造成对"乡村性"的侵蚀，如破坏乡村历史文化、危害乡村生态环境、损害乡村资源禀赋、销蚀乡村道德情感等。③ 乡村治理受传统价值观念、文化习俗、生活习惯

---

① 赵晓峰、刘海颖：《数字乡村治理：理论溯源、发展机遇及其意外后果》，《学术界》2022 年第 7 期，第 125~133 页。

② 刘曦绯、高笑歌：《乡村数字治理如何跨越"表面数字化"陷阱——基于"公民即用户"视角的分析》，《领导科学》2021 年第 4 期，第 28~30 页。

③ 沈费伟、陈晓玲：《保持乡村性：实现数字乡村治理特色的理论阐述》，《电子政务》2021 年第 3 期，第 39~48 页。

等因素影响，往往依靠人情面子、乡村礼俗、关系网络等治理资源，因此更具人情治理的特征。而基于技术理性的治理方式将在一定程度上弱化传统乡村基于人情关系的沟通协调和问题处理方式，导致传统熟人社会中形成的相对紧密的社会关系（包括干群关系）走向疏离和冷漠，对和谐乡村建设带来消极影响。在公共文化领域，一些地方热衷于应用数字技术呈现和展示乡村的传统文化艺术，但由于不能充分挖掘和阐述文艺形态背后的文化价值，因而在实践中往往流于形式，无法真正实现传统文化和乡风民俗的传承和保育功能。[①]

4. 信息安全风险

在数字乡村建设过程中，有关部门借助数字技术获取个人信息的能力大大增强。在数据和隐私保护意识与监管机制缺位的情况下，村民将面临个人隐私被泄露、侵犯乃至遭受诈骗的巨大风险。第 52 次《中国互联网络发展状况统计报告》显示，截至 2023 年 6 月，过去半年在上网过程中有 23.2% 的受访网民遭遇过个人信息泄露，有20.0% 的网民遭遇过网络诈骗。中国人民公安大学的一项研究发现，农村地区人群是目前电信网络诈骗的四类主要受骗人群之一，其他三类群体是大学生、城市外来务工人员和老年人。[②] 农村地区之所以成为网络诈骗高发区，不仅与村民保护和防范意识相对淡薄有关，也和农村地区总体网络安全防范的技术体系和制度规范更为薄弱有关。在数字乡村治理与服务平台建设过程中，由于平台参与主体和管理层级较多，在数据采集、使用和管理方面的权限和责任界定不清或者网络安全保障不到位的情况下，村民信息和个人隐私可能遭受更大的被侵害风险。

---

① 李翔、宗祖盼：《数字文化产业：一种乡村经济振兴的产业模式与路径》，《深圳大学学报》（人文社会科学版）2020 年第 2 期，第 74~81 页。

② 程婕：《最新〈中国电信网络诈骗分析报告〉：电信诈骗盯上农村人群》，澎湃新闻网，2018 年 9 月 27 日，https：//www. thepaper. cn/newsDetail_forward_2478591。

二　对策建议

（一）以群众需求为导向，克服数字化形式主义

以村民需求为导向，优化数字乡村建设内容体系。各级政府在数字乡村建设中，要以满足乡村治理与服务的实际需要为着力点，改变自上而下、主观臆断的工作作风，重视需求调查和群众反馈，将数字化转型建立在村情民意和供需匹配基础之上。要避免简单复制其他地区做法的"拿来主义"，以及僵化套用"五大振兴"目标设置平台功能的教条主义。在农业农村信息化资金并不宽裕的中、西部地区，尤其要避免数字乡村建设的形式主义，避免将有限的资金浪费在缺乏复制和推广价值的样板工程上。同时还要重视并解决数字化转型中出现的数字技能要求与村民能力或意愿不匹配等问题。例如，德清县在推行农村政务服务"一次不用跑"过程中，基层单位发现群众有"宁可跑一次"倾向时，及时设立帮办员制度来回应群众需求。

强化监督考核和过程管理也是避免基层官僚主义和数字化形式主义、提升数字乡村治理效能的必要手段。监督考核的主要目的在于调动基层工作积极性，重视基层治理的回应性与责任性。因此，在监督考核内容方面，不能以数字和数据作为衡量基层政府工作绩效的唯一标准，而应建立科学合理的考评机制，综合采用量化指标与实地检查相结合的方式，推动形成"键对键+面对面""虚拟+现实"互动的基层治理格局。

（二）以资金人才为重点，形成政府市场与社会支撑合力

从数字乡村建设的资金支持方面看，要根据东、中、西部地区农村的发展特点和财政状况，建立多方共担、公平可及、切合实际的数字技术嵌入农村公共服务的可持续财力负担机制；并结合政府购买公共服务，吸引社会资金加大农村公共服务数字化转型的投入力度，用

政府与市场的合力来提高农村公共服务高质量发展的可负担性。偏远地区散居农户是信息最闭塞、也最容易被基层治理与公共服务所忽视的边缘群体。要加强偏远地区的网络基础设施建设，使这些边缘群体也能从远程教育、医疗和数字化的公共服务中获得"数字红利"。

在人才支撑方面，应从育才、引才和用才等维度积极探索构建数字与科技人才反哺农村的长效机制，用长期性的制度性安排代替短期性的政策激励。在育才方面，应充分发挥政府、高校与企业在农村数字人才培育方面的互补作用，政府做好培育输送农村数字人才、提升农村居民数字素养的顶层设计与政策支持工作，高校特别是职业类院校聚焦对数字农业与农业科技综合性人才的培育，农业科技与平台型企业则专注于对农村电商等应用型人才的培训。在引才方面，建立高等院校、科研院所等事业单位数字技术人员到乡村挂职和兼职制度，持续开展数字人才下乡活动，普及数字农业和乡村治理相关知识。在用才方面，利用好"三支一扶"等国家政策和"大学生村官"、驻村干部等人力资源，充分发挥其在信息技术方面的知识优势和派出单位的资源优势。同时大胆选用受过高等教育的青年人才充实到基层管理岗位。我们在广西富川调研中发现，现任村支书队伍中的"80后"和"90后"占比仅为37%，基层干部队伍年轻化还有很大的提升空间。

（三）以制度建设为抓手，强化数据共享与信息安全

完善数字乡村建设规范，促进数据资源共享。各级政府应根据当地实际情况制定出台包括数据标准体系在内的数字乡村建设规范，明确数据管理责任单位和保障措施。要加快编制数据开放共享目录和清单，不断健全数据分类管理和分级共享制度，同时建立数据质量、数据交换、开放共享的监督评估机制，避免数据低质量冗余造成有限资源的无谓消耗，促进地方涉农部门与社会组织、农村居民等乡村治理主体的资源共享、高效利用。

　　网络安全与数字技术相伴而生，日益成为影响产业发展、数据安全甚至国家安全的重要因素。习近平总书记在首次全国网络安全和信息化工作会议上指出："没有网络安全就没有国家安全，就没有经济社会稳定运行，广大人民群众利益也难以得到保障。"从保障农民生产生活利益出发，数字乡村建设必须以保护农村政务数据以及村民隐私安全为前提。首先，要加大数据保密技术的研发与投入力度，从技术层面保障涉密和隐私数据不被窃取和泄露；其次，要加强包括惩处措施在内的网络和信息安全制度建设，从制度上降低数据泄露的风险，减少信息泄露给农民生产生活造成的损失；最后，要增强网络安全和隐私保护宣传，提高农民对不明来源的二维码、网站链接以及陌生短信等的警觉性，从源头上控制隐私泄露和遭受诈骗的风险。

第六章
农业农村信息化发展的中国实践

自 2017 年中央政府首次在政府工作报告中使用"数字经济"这一概念以来，数字化取代信息化成为社会各界描述信息技术及其引发的经济社会变革的主流概念。事实上，在此之前我国信息化建设已经积累了 40 年的实践经验。作为国家信息化发展进程的重要组成部分，农业农村信息化与国家信息化建设同时起步，承载着加快推进农业农村现代化、建设社会主义现代化农业强国的重大历史使命。梳理农业农村信息化的发展脉络与实践经验有助于从纵向的视角把握信息技术及信息化建设给我国农业农村发展带来的巨变，总结农业农村信息化发展的一般规律和中国特色，为新时代新征程我国数字乡村发展提供指引、为世界其他发展中国家信息化建设和发展提供有益参考。

改革开放以来，中国农业农村信息化建设经历了应用起步、组织建构、体系建设和全面提速四个阶段，并取得重大历史成就。其突出表现为：建成全球最大的农村通信网络和综合信息服务体系，农业生产由机械化和自动化迈向数字化和智慧化新阶段，电子商务实现跨越式发展，农村基层治理和公共服务数字化水平显著提升，网络扶贫助力脱贫攻坚全面胜利，城乡融合发展格局加快形成。中国农业农村信息化发展的实践历程不仅反映了信息化发展的一般规律，同时也体现出鲜明的中国特色。我们认为，中国之所以能克服"大国小农"和城乡二元分割体制的制约与挑战，在农业农村信息化发展中取得历史性成就，主要有三方面的经验启示，一是与时俱进的发展理念，二是中国特色社会主义国家的制度优势，三是数字经济的规模与结构优势。

第一节　文献综述

信息化是充分利用信息技术，开发利用信息资源、促进信息交流和知识共享、提高经济增长质量、推动经济社会发展转型的历史进程。[①] 农业农村信息化是国家信息化发展战略的重要组成部分，承载着加快推进农业农村现代化、建设社会主义现代化农业强国的重大历史使命。自改革开放以来，我国农业农村信息化建设从农业管理信息系统建设和计算机应用起步，逐步构建起从中央到地方、覆盖省市县乡村的信息化组织体系，中长期计划和五年规划相结合的规划体系，以及多部门协同的建设体系和工作推进机制。党的十八大以来，随着信息化战略地位的进一步提升，以及全面建成小康社会目标的确立，农业农村信息化发展进入全面提速的新阶段，信息化建设的规模和力度超过历史时期。党的十九大之后，党和国家在实施乡村振兴战略基础上提出数字乡村发展战略，把数字乡村定位为乡村振兴的战略方向。这不仅为促进农业农村信息化发展、加快实现乡村振兴创造了机遇和条件，同时也对农业农村信息化建设提出了更高要求。

随着数字乡村发展战略的提出，社会各界对农业农村信息化问题的关注程度持续上升，但学术界对农业农村信息化建设和发展历史进

---

① 《中共中央办公厅　国务院办公厅关于印发〈2006－2020 年国家信息化发展战略〉的通知》 ［EB/OL］．［2006－03－19］．http://www.gov.cn/gongbao/content/2006/content_ 315999. htm。

程的研究相对不足，通常将其作为国家或国民经济信息化进程的组成部分予以概述。①② 政策部门和学术界曾在不同时期对农业农村信息化发展历程及其阶段性特征进行过总结和描述，但在起始时间和阶段划分上尚未达成共识。例如，吴龙婷等把新中国成立以来农业信息化和农村信息服务体系建设历程划分为起步（1986 年以前）、统一规划（1986~1992 年）、发展成形（1993~1999 年）和网络延伸（2000 年至今）四个阶段；③ 崔凯和冯献从政策实践和技术应用角度把农业农村信息化进程的起点确定为 20 世纪 90 年代初，并划分为起步建设（1994~2003 年）、深入发展（2004~2010 年）和全面融合阶段（2011 年至今）三个阶段。④ 此外，虽然有些研究者试图对农业农村信息化的历史经验进行总结，但重点聚焦于政策演进和技术应用层面，未能从更加宏观的全球视野和制度环境的高度揭示信息化发展的一般性规律和中国特色。

　　本章试图以改革开放为起点，在国家乃至全球信息化建设以及经济社会发展的大背景下把握我国农业农村信息化建设的历史进程、发展成就，以及中国作为社会主义发展中国家和农业人口大国在推进农业农村信息化发展过程中的实践经验，以期在进一步深化对信息化发展的一般规律和中国特色认识的基础上，为新时代农业农村信息化建设和数字乡村发展提供指引，为其他发展中国家信息化建设和发展提供有益参考。

---

① 中国社会科学院课题组、胡必亮、何德旭等：《我国国民经济信息化的发展现状与主要问题》，《经济研究参考》2007 年第 14 期，第 43~58 页。

② 廖瑾、高晓雨：《中国信息化十年发展述评（2001~2010 年）》，载周宏仁主编《中国信息化形势分析与预测（2012）》，社会科学文献出版社，2012。

③ 吴龙婷、隆捷、林媛：《我国农业信息化和农村信息服务体系建设历程》，《中国信息界》2004 年第 15 期，第 11~12 页。

④ 崔凯、冯献：《我国农业农村信息化的阶段性特征与趋势研判》，《改革》2020 年第 6 期，第 125~135 页。

第二节　中国农业农村信息化建设的四个阶段

中国的农业农村信息化是改革开放和技术进步的产物。以 1979 年第一台大型电子计算机在农业领域的应用为开端，我国农业农村信息化建设经历了一个由局部应用到系统建设、由规划引领向战略统领、由循序渐进到全面提速的演进过程。根据经济社会总体发展水平、信息技术应用广度与深度以及政策支持力度等方面的不同，这一过程大体可以划分为应用起步、组织建构、体系建设和全面提速四个阶段。

一　应用起步阶段（1979~1991 年）

改革开放以来，随着党和国家工作重心转向经济建设，以及现代科技在"四化"建设和经济发展中的重要地位的确立，国家开始高度重视电子信息技术的发展和应用，并大力推进经济信息管理系统建设。《1978—1985 年全国科学技术发展规划纲要》将电子计算机技术明确为八个重点发展的科技领域之一。1982 年，国务院成立计算机与大规模集成电路领导小组（两年后更名为电子振兴领导小组），以推动我国电子和信息产业的发展以及在国民经济中的应用。1986 年，国务院确定在"七五"期间，重点建设国家经济信息管理主系统，先后批准了经济、金融、铁道、电力、民航、统计、财税、海关、气象、灾害防御等 12 个国家级信息系统的建设。①

在此背景下，我国农业农村的信息化建设进入起步阶段。1979 年，我国从罗马尼亚引进第一台大型计算机 Felix C-512，用于农业

---

① 郭诚忠：《信息化往事之 1　中国信息化的历史回顾》，《中国信息界》2004 年第 18 期，第 17~18 页。

科学计算、数学规划模型和统计分析等。1981 年，中国农业科学院开始筹建我国农业领域第一个计算机应用研究机构——计算中心。1985 年，当时的农牧渔业部制定了《建设农牧渔信息系统的方案意见》和计算机应用规划。① 1987 年，农牧渔业部成立信息中心，以推进计算机技术在农业和农村统计工作中的应用。② 受当时的经济社会条件和信息技术发展水平所限，这一时期农业农村信息化建设还处于起步阶段，建设重点集中在推进计算机技术在农业研究和农业管理中的应用，发挥其在信息收集、统计分析和规划模拟等方面的积极作用。

二 组织建构阶段（1992~2000 年）

进入 90 年代以来，随着互联网成功实现商用，以美国为代表的经济发达国家先后启动国家信息高速公路建设，在世界范围内掀起了互联网建设的高潮。与此同时，1992 年召开的党的十四大确立了建立社会主义市场经济体制的改革目标，提出加快市场体系培育，发挥市场在国家宏观调控下对资源配置的基础性作用的同时，强调要转变政府职能，发挥其在"信息引导"方面的作用。③

1993 年 12 月，国务院批复成立国家经济信息化联席会议以组织协调和统筹推进"三金"工程建设，④ 正式拉开国民经济信息化的序幕。1994 年底，国家经济信息化联席会议召开国民经济信息化总体

① 吴龙婷、隆捷、林媛：《我国农业信息化和农村信息服务体系建设历程》，《中国信息界》2004 年第 15 期，第 11~12 页。
② 张玉香：《认清形势 创新思路 加快推进农业农村信息化建设——在第五届农业网站发展论坛暨全国农业信息中心主任座谈会上的讲话》[EB/OL]．[2009-10]．http：//www.agri.cn/kj/xxhjs_1/wzlt/d5/200910/t20091019_1367041.htm。
③ 《江泽民在中国共产党第十四次全国代表大会上的报告》[EB/OL]，[2008-7-4]，中国政府网，https：//www.gov.cn/test/2008-07/04/content_1035850.htm。
④ "三金"工程是指"金桥"（国家公用经济信息网络工程）、"金卡"（电子货币工程）和"金关"（外贸专用网工程）三大信息化重大工程。

规划会，提出"九五"期间启动包括"金农"工程（农业综合管理及服务信息系统）在内的八大重点信息工程建设。1996 年 1 月，国务院决定成立国家信息化工作领导小组，加强对全国信息化工作的统一领导和组织协调。1997 年 4 月，首次全国信息化工作会议在深圳召开。会议研究制定了《国家信息化"九五"规划和 2010 年远景目标（纲要）》，明确了国家信息化建设的总体思路和信息化体系的基本构架，以及未来 5~15 年国家信息化建设的目标。① 1998 年，国务院组建信息产业部，并成立信息化推进司（国家信息化办公室）。信息化规划纲要的制定和信息产业部的成立标志着我国信息化建设从解决应急性的热点问题，逐步转到为经济发展和社会全面进步服务的方向上来；从自发到自为，走上了既有组织、有计划，又按市场规律推进的发展轨道。②

随着国家信息化建设进程的迅速推进，农业部于 1993 年成立农村经济信息体系领导小组，1994 年成立市场信息司，初步形成了由领导小组统筹协调、市场信息司组织实施、信息中心为技术依托，各专业司局和有关直属事业单位共同参与的信息化建设的组织机构体系。1996 年，农业部召开首次全国农村经济信息工作会议并讨论制定《"九五"时期农村经济信息体系建设规划》，提出了农村经济信息体系建设的基本构想。1996 年和 1997 年，中国农业信息网和中国农业科技信息网相继开通运行，致力于面向农业科研教育机构、农业科技推广部门、广大农户和涉农企业提供农业政务公开信息和综合性的农业信息服务。1998 年，广电部门和国家计委启动广播电视"村

---

① 信息化体系包括信息资源，国家信息网络，信息技术应用，信息技术和产业，信息化人才，信息化政策、法规和标准六大要素。邹家华：《加快推进国家信息化》，《求是》1997 年第 14 期，第 2~6 页。

② 郭诚忠：《中国信息化的进程与展望》，《微型机与应用》1998 年第 7 期，第 2~3 页。

村通"工程，以解决边远农村地区听广播看电视难问题。① 总的来看，这一时期是农业农村信息化建设的组织建构阶段，中央和地方成立了信息化建设的领导机构、业务主管部门和技术支持单位，为推进农业农村信息化建设奠定了组织基础，并提出了信息化体系建设的基本设想，初步构建了以农业信息网和农业科技信息网为主要载体的农业农村信息服务平台。

三 体系建设阶段（2001~2011 年）

进入 21 世纪以来，国民经济和社会信息化上升至"覆盖现代化建设全局的战略举措"的高度和优先发展位置。"十五"信息化重点专项规划确立了"应用主导，面向市场"的建设方针，强调推进信息技术应用是信息化发展的首要任务，并决定把电子政务建设作为信息化应用的重点领域，通过政府先行带动国民经济和社会发展信息化。2002年，中办印发《国家信息化领导小组关于我国电子政务建设指导意见》，要求启动和加快建设包括"金农"在内的 8 个政府业务系统工程。② 2006 年，我国信息化发展的第一个中长期战略《2006—2020 年国家信息化发展战略》正式颁发，在面向"三农"服务方面作出了提高农村网络普及率、建设城乡统筹的信息服务体系等部署。③

2001 年，农业部在信息化建设"面向市场"的方针指引下，启动《"十五"农村市场信息服务行动计划》，力图通过农村市场信息多媒体发布窗口建设、农业信息网建设、农村市场信息资源开

---

① 周然毅：《广电"村村通"建设：历史、现状和未来》，《现代传播》（中国传媒大学学报）2006 年第 5 期，第 45~50 页。

② 《国家信息化领导小组关于我国电子政务建设指导意见》［EB/OL］.［2002-8-6］，中央网信办网站，http://www.cac.gov.cn/2002-08/06/c_ 1112139134.htm。

③ 《中共中央办公厅 国务院办公厅关于印发〈2006—2020 年国家信息化发展战略〉的通知》，中国政府网，2006 年 3 月 19 日，http://www.gov.cn/govweb/gongbao/content/2006/content_ 315999.htm。

发整合、省市县乡各级信息服务站建设以及农村信息服务业队伍建设五大抓手，"根本改变农村市场信息服务滞后的状况"。"十一五"期间，在国家作出社会主义新农村建设部署并颁发信息化发展中长期战略的背景下，农业部加大了信息化体系建设的规划力度，在 2006~2007 年相继出台《农业部关于进一步加强农业信息化建设的意见》《"十一五"时期全国农业信息体系建设规划》《全国农业和农村信息化建设总体框架（2007—2015）》三个重要文件，确立了以信息基础设施、信息资源、人才队伍、服务与应用系统、规则体系和运行机制为基本要素的总体建设框架。自 20 世纪 90 年代初即已提出的"金农工程"也进入全面实施阶段，致力于以下工作：一是构建农业和农村经济监测预警、市场监管、市场与科技信息服务三大信息应用系统；二是建设国家和省级农业数据中心并强化数据采集和信息共享；三是强化各级特别是基层农业部门信息服务平台及功能建设。同时还启动了"三电合一"和"农村信息化示范"等重大项目。

经过 21 世纪第一个 10 年的建设，我国构建起了较为健全的、覆盖中央和地方的农业农村信息化组织和工作体系，"县有信息服务机构、乡有信息站、村有信息点"的格局基本形成。在信息体系建设规划及重点工程的大力推动下，农村信息化基础设施明显改善，实现了村村通电话、乡乡能上网。截至 2010 年底，农村网民规模达到 1.25 亿，占整体网民的 27.3%。[1] 信息资源建设成效显著，信息技术在农村综合信息服务、农业政务管理、农业生产经营和流通等领域得到初步应用和推广。[2]

---

[1] 中国互联网信息中心：《中国互联网络发展状况统计报告》［R/OL］.［2012-6］. https：//www.cnnic.net.cn/NMediaFile/old_ attach/P020120612484952635717.pdf。

[2] 《农业部关于印发〈《全国农业农村信息化发展"十二五"规划〉的通知》［EB/OL］.［2011-11-25］. http：//www.scs.moa.gov.cn/zcjd/201904/t20190418_6183315.htm。

四 全面提速阶段（2012 年至今）

进入 21 世纪第二个 10 年，一方面，随着以移动互联网、物联网、大数据、云计算等为代表的新一代信息技术取得突破性进展并引发新一轮产业革命，信息技术及其应用在经济社会转型发展和产业竞争中的战略地位进一步提升，国家相继作出建设宽带中国、网络强国和数字中国等战略部署。另一方面，随着全面建成小康社会奋斗目标的提出，自 20 世纪 80 年代启动的扶贫开发工作进入脱贫攻坚的决胜期。2018 年，中共中央和国务院在《关于实施乡村振兴战略的意见》中首次提出"实施数字乡村战略"，把数字乡村定位为数字中国的重要组成部分和乡村振兴的战略方向。

在此背景下，农业农村信息化建设不仅进入全面提速阶段，而且上升到了国家战略高度。2013 年，国务院印发《"宽带中国"战略及实施方案》，提出将宽带纳入电信普遍服务范围，重点解决宽带村村通问题，力争到 2020 年行政村通宽带比例超过 98%。2015 年，国务院出台《关于积极推进"互联网+"行动的指导意见》，将"互联网+"现代农业纳入 11 项重点行动之列。2016 年，根据《中共中央 国务院关于打赢脱贫攻坚战的决定》部署，中央网信办联合相关部门启动《网络扶贫行动计划》，构建多部门协同、整体推进的网络扶贫政策体系。2019 年，中办和国办联合印发《数字乡村发展战略纲要》，确立了数字乡村发展的四阶段目标和涵盖十个方面的重点建设任务。配合国家战略部署，农业部于 2013 年成立农业信息化领导小组，并在农业农村信息化五年规划基础上，先后颁发《"互联网+"现代农业三年行动实施方案》《农业部关于推进农业农村大数据发展的实施意见》《数字农业农村发展规划（2019—2025 年）》等重要文件。与此同时，相关部门先后启动信息进村入户、电子商务进农村综合示范、电信普遍服务试点、农业物联网示范、数字农业试点、农村"雪亮工程"、"互联网+"农产品出村进城工程、国家数字乡村试点等一系列重点工程项目建设，显著改善了农业农村，特别是贫困和边远地区农村网络基础设施和信息服务能力，以及生产经营和社会管理的信息化水平。

总之，党的十八大以来农业农村信息化进程进入全面提速阶段，参与到农业农村信息化建设的政府部门数量，以及推进信息化建设的重点工程数量，都远远超过历史时期。农村通信基础设施建设再上新台阶，实现了由村村通电话向村村通宽带的迭代升级，部分省区市甚至完成了村村通5G的工程任务。信息化技术的应用范围突破了以往主要局限于政务管理的范畴，在农业生产和经营领域取得突出成效。在数字乡村战略统领下，农业农村信息化建设进入经济、政治、文化、社会、生态"五位一体"统筹发展的新阶段，信息化不仅在农业生产经营领域，还在农村基层治理、公共服务均等化、生态保护和乡村文化振兴等领域日益发挥更为突出的作用。

第三节　中国农业农村信息化发展的历史成就

经过改革开放40多年的建设，特别是新时代10年的加速发展，农业农村信息化从农业管理服务的信息化，到农村生产生活的信息化再到"五位一体"的数字化转型，实现了全方位的进步，在通信基础设施、农业生产、产业转型、基层治理和公共服务等方面取得了历史性成就，网络扶贫助力脱贫攻坚取得全面胜利，有力地推动了城乡融合与区域协调发展格局的加快形成。

一　建成全球最大的农村通信网络和综合信息服务体系

21世纪以来，为改变农村和偏远地区通信落后的状况，国家结合基本国情探索实施具有中国特色的电信普遍服务机制，用大约 20 年时间实现了从村村通电话、到村村通广电、再到村村通宽带的升级换代，建成了世界上最大的农村通信基础设施和宽带网络。1998 年，广电部门和国家计委启动广播电视"村村通"工程，以解决边远农村地区听广播看电视难问题。2004 年，电信部门以"分片包干"方式启动电话"村通工程"。① 截至"十一五"末，全国 100% 的行政村和 94% 的 20 户以上自然村实现了通电话，100% 的乡镇接通了互联网（其中 98% 为宽带网络）。广播和电视的人口综合覆盖率分别从 1997 年的 86% 和 88% 提高到了 2010 年的 97% 和 98%。2015 年，工信部启动"电信普遍服务试点"，按照"中央资金引导、地方协调支持、企业为主推进"的原则支持农村宽带建设，中央财政投入 220 亿元支持农村及偏远地区约 13 万个行政村通光纤和 6 万个 4G 基站建设。截至 2021 年底，行政村、贫困村、"三区三州"深度贫困地区通宽带比例分别从 2015 年的不足 70%、62%、26% 全部提升到 100%，农村光纤平均下载速率超过 100Mbps；② 不仅全面实现了"村村通宽带"，而且基本与城市"同网同速"，为数以亿计的农村居民填平了数字接入鸿沟，也为农村产业发展、乡村治理的数字化转型和城乡公共服务均等化奠定了基础。

同时，为解决农村信息服务"最后一公里"问题，农业部和相关部门自 21 世纪初开始加强农村基层信息服务网络建设，构建线上线下相结合的综合信息服务体系。截至 2010 年，全国 80% 以上的县

①　"分片包干"模式是电信主管部门在普遍服务资金缺位的情况下提出的适用于当时中国国情的电话"村通"方案——即划出范围，谁承担村通工作，谁就有这片区域的市场优先权，以此调动地方电信运营商参与建设"村通工程"的积极性。《奚国华："村通工程"，一场助力脱贫的攻坚战》，[N/OL]．[2018-12-3]．搜狐网，https://www.sohu.com/a/279373946_354877。

②　《全面实现"村村通宽带"新闻发布会实录》[EB/OL]，[2021-12-30]．新浪网，https://finance.sina.cn/2021-12-30/detail-ikyakumx7323168.d.html。

级农业部门设立信息化管理和服务机构，70%以上的乡镇成立了信息服务站，农村信息员数量超过 70 万，基本形成"县有信息服务机构、乡有信息站、村有信息点"的格局。① 在此基础上，农业部以信息资源整合为抓手，于 2006 年启动"12316"全国农业系统公益服务统一专用号码，致力于向农民提供涵盖农业生产经营、物资供销、灾害防范、政策法规等方面的技术支持、信息服务和法律援助；2007年，又在前期试点基础上在全国范围内开展电视、电话、电脑"三电合一"农业综合信息服务平台建设，该平台通过强化对多个载体的信息资源的整合提升对"三农"的综合信息服务水平。2014 年，农业部启动"信息进村入户"试点工作并于两年后在全国铺开，以"政府+运营商+服务商"三位一体模式推进益农信息社建设，在原信息服务站基础上着力拓展信息服务功能，构建集公益服务、便民服务、电商服务和培训体验服务等功能于一体的农村综合信息服务平台。截至 2021 年底，全国共建成运营益农信息社 46.7 万个，覆盖全国 90% 以上的行政村，建成了全世界最大的农村综合信息服务网络。②

二　农业生产迈向数字化和智慧化新阶段

自国务院启动"互联网+"行动，特别是"互联网+现代农业"三年行动以来，农业生产经营的转型步伐明显加快。随着农业农村数据资源体系的初步建成，物联网等现代信息技术的应用由试点走向推广，从单项应用走向综合集成，农业生产由机械化和自动化向数字化和智慧化的新阶段快速迈进。截至"十三五"末，农业农村大数据

---

① 《农业部关于印发〈全国农业农村信息化发展"十二五"规划〉的通知》［EB/OL］．［2011－11－25］．http：//www.scs.moa.gov.cn/zcjd/201904/t20190418_6183315.htm。

② 农业农村部信息中心：《中国数字乡村发展报告（2022 年）》［R/OL］，［2023-4］．http：//www.scs.moa.gov.cn/zcjd/202304/P020230410575631299102.pdf。

体系初步构建，已基本建成全国自然资源三维立体"一张图"、全国农田建设"一张图"和"空天地"立体化农作物对地调查体系，涵盖粮棉油糖畜禽水产蔬果 8 类 15 个品种的全产业链大数据试点稳步推进，对农业生产经营和管理服务的数据支撑与决策支持能力明显提升。与此同时，国家在"十三五"时期投资建设了 81 个数字农业试点项目，认定了 210 个农业农村信息化示范基地，推广了 426 项物联网应用成果和模式，有力推动了物联网、大数据、人工智能、卫星遥感、北斗导航等现代信息技术在农牧渔业各领域以及生产经营各环节的应用和推广，为促进农业生产降本、提质和增效发挥了重要作用。[①] 截至 2021 年，全国有超过 60 万台拖拉机和联合收割机配置了基于北斗定位的智能控制终端，定位导航精度提升至 2~5 米。植保无人机保有量超过 12 万架，年作业规模超过 10 亿亩次。农业农村部的追踪调查发现，2021 年，农业生产的总体信息化率已由 2018 年的 18.6%提升到 25.4%，其中畜禽养殖业的信息化水平已达 34%，小麦、稻谷和棉花三大作物的信息化率分别达到 39.6%、37.7%和 36.3%。[②]

三　农村电商实现跨越式发展

随着农村宽带和物流等基础设施的不断完善，以及阿里、京东等电商平台的迅速发展，中国沿海地区农村率先加入电子商务的发展大潮。2008 年底，距离义乌国际小商品城 6 公里的青岩刘村凭借优越的地理位置和物流条件开办了 100 家左右网店，成为全国网店第一村。2014 年，商务部会同相关部门启动"电子商务进农村综合示范"

---

① 《农业农村部关于印发〈"十四五"全国农业农村信息化发展规划〉的通知》［EB/OL］．［2022-3-9］．http://www.moa.gov.cn/govpublic/SCYJJXXS/202203/t20220309_6391175.htm。

② 农业农村部信息中心：《中国数字乡村发展报告（2022 年）》［R/OL］，［2023-4］．http://www.scs.moa.gov.cn/zcjd/202304/P020230410575631299102.pdf。

项目，支持地方建设农村电商公共服务体系和县乡村物流配送体系，并开展农村电商培训和对创业带头人的培育工作。截至 2020 年底，全国 40.1 万个行政村共建成电商服务站点 54.7 万个，电商服务的行政村覆盖率接近 80%，比 2016 年提升了超过 50 个百分点。① 随着政策支持力度的不断加大，农村电商进入发展快车道。反映农村电商集群化发展水平的淘宝村②数量从 2013 年的 20 家增加至 2022 年的7780 家，增长 388 倍。③ 农村网络零售额从 2014 年的 1800 亿元提高至 2021 年的 2.05 万亿元，增长了 10 倍以上。商务部数据显示，2021 年全国网络零售店铺数量达 2200.59 万家，其中农村网商、网店数量达 1632.5 万家，占比接近 75%。同年，全国网上零售额达 13.1 万亿元，其中农村网络零售额为 2.05 万亿元，占比为 15.6%。④

农村电商的跨越式发展不仅为乡村创造了数以千万计的创业和就业机会，大大拓展了农民增收致富的渠道，而且深刻改变了农村的产业结构和发展模式，为农村产业转型升级和经济现代化注入新的活力。⑤ 位于山东西部的曹县曾是一个有着 170 多万人口的农业大县和省级贫困县。2010 年前后，当地村民借助淘宝等电商平台出售表演服获得成功，进而带动周边村民加入表演服加工和网售行业。在当地

---

① 农业农村部信息中心：《2021 全国县域农业农村信息化发展水平评价报告》，2021年 12 月 20 日。

② 根据阿里研究院制定的标准，电子商务年销售额达到 1000 万元，本村活跃网店数量达到 100 家或当地家庭户数的 10% 的行政村，可以被认定为"淘宝村"。阿里研究院：《2020 中国淘宝村研究报告》［R/OL］，［2020-10-5］.http://www.aliresearch.com/ch/information/informationdetails? articleCode=126860487966199808。

③ 罗震东、左臣明：《2022 年"淘宝村"名单正式发布》［R/OL］，［2022-10-31］，"阿里研究院"微信公众号，https://mp.weixin.qq.com/s/lymVeqK87IHFHgXHCmIOlA。

④ 商务部：《中国电子商务报告（2021）》［R/OL］，［2022-11-16］，http://www.mofcom.gov.cn/article/zwgk/gkbnjg/202211/20221103368045.shtml。

⑤ FAO and ZJU. Digital Agriculture Report: Rural E-commerce Development Experience from China［R/OL］.［2021］.https://doi.org/10.4060/cb4960en。

政府的支持下，曹县电商规模不断扩大，迅速发展成为全国最大的表演服和木制品生产加工基地之一。受益于电商等现代服务业的蓬勃发展，曹县的三次产业比由"十二五"末的11.9∶53.9∶34.2调整到"十三五"末的10.4∶40.1∶49.5，成功实现产业转型升级。据当地政府部门统计，"十三五"时期，全县吸引返乡创业就业人员达8.6万人，创办各类经济实体2万家，带动就业50.3万人。①

四　农村基层治理与公共服务数字化水平显著提升

数字乡村战略实施以来，乡村治理和公共服务的数字化转型加速发展。农业农村部的调查显示，2019~2021年，公共安全视频图像应用系统的行政村覆盖率由66.7%提高至80.4%；应用信息技术实现农村基层党务、村务、财务"三公开"的行政村比例由63.1%提高至78.4%；包括社会保险、新型农村合作医疗、婚育登记、劳动就业、社会救助、农用地审批和涉农补贴等在内的涉农政务服务在线办事率由25.4%提升至68.2%。三项指标的增幅均接近或超过15个百分点，其中政务服务在线办事率的增幅超过40个百分点。② 2020年国家确定117个数字乡村试点县后，各地在运用数字技术提升乡村治理效率、促进公共服务均等化等方面展开多元化探索，并形成了良好的示范效应。例如，位于浙江省德清县的五四村于2019年率先启动"数字乡村一张图"项目，在整合全村500多个感知设备基础上构建覆盖全村的物联感知网和信息智能化处理系统，实

---

① 《2021年政府工作报告》［EB/OL］，［2021-5-14］，曹县政府网站，http：//www.caoxian.gov.cn/2c90808883d172a50183e89e80f5003b/2c90808483d1711c0183ea2ff0de002a/1594591812293492736.html。

② 农业农村部信息中心编著《2020全国县域数字农业农村发展水平评价报告》，中国农业出版社，2021；农业农村部信息中心：《中国数字乡村发展报告（2022年）》［R/OL］，［2023-4］．http：//www.scs.moa.gov.cn/zcjd/202304/P0202304 10575631299102.pdf。

现了垃圾分类、农地保护、水域监测等重要村务的可视化监控和智能化管理，显著提升了乡村治理的效率。截至 2021 年，五四村的"数字乡村一张图"模式已覆盖全县 30 万农村居民，并在全国多地得到应用和推广。重庆市大足区在实行社区和居家养老服务改革试点基础上探索构建智慧养老服务体系，实现了全区 21 万老年人基础信息的电子化管理和健康状况的智能化分析，同时建立智慧养老呼叫服务中心，整合为老服务资源，委托第三方为近 4600 名城乡低保、特困、空巢等困难老人提供紧急援助、主动关爱、健康管理等线上支持和助洁、助餐、助浴、助行等线下上门养老服务，在提升全区养老服务智慧化水平的同时，有效促进了城乡养老服务的均等化。①

五 网络扶贫助力脱贫攻坚全面胜利

作为打赢脱贫攻坚战决策部署的重要组成部分，网络帮扶在助力脱贫攻坚取得全面胜利、缩小区域发展差距、填补"数字鸿沟"等方面发挥了独特的积极作用。2014 年以来，为摸清全国贫困人口底数，国家启动贫困识别建档立卡工作、构建起全国统一的扶贫开发信息系统。该系统收录全国 832 个贫困县、12.8 万个贫困村，2948 万贫困户、8962 万贫困人口的超过 200 亿条数据信息，② 为实施贫困人口的动态监测、开展精准帮扶与返贫预防提供了重要的信息基础与决策依据。2016 年，中央网信办协同相关部门制定实施《网络扶贫行动计划》，建立了有 21 个部门和单位参加的网络扶贫行动部际协调工作机制，以网络覆盖、农村电商、网络扶智、信息服务、网络公益五大工程为抓手，着力构建网络、信息和服务全覆盖的网络扶贫信息

---

① 中央网信办等：《数字乡村建设指南 1.0》 ［EB/OL］. ［2021-7］. http：//www.moa.gov.cn/hd/zqyj/202301/P020230104556857814615.pdf。

② 《这 228 亿条信息，有国家的温度！》［N/OL］，［2022-8-10］，"央视新闻"百家号，https：//baijiahao.baidu.com/s？id=1740732269081038898&wfr=spider&for=pc。

服务体系。截至 2020 年底，贫困村通光纤比例由 2015 年前的不到 70%提高到 98%，电子商务进农村实现对 832 个贫困县全覆盖，全国中小学（含教学点）互联网接入率从 2016 年底的 79.2%上升到 98.7%，远程医疗实现国家级贫困县县级医院全覆盖，全国行政村基础金融服务覆盖率达 99.2%，这些建设成效显著改变了贫困和边远地区在基础设施方面的落后状况，为其获得与其他地区同等的发展机会和公共服务水平奠定了基础。① 互联网公益也以其便捷智能、高效透明的技术优势在引导和汇聚社会力量参与扶贫救助方面发挥了突出作用。例如，腾讯公益借助其平台优势于 2015 年 9 月发起 99 公益日活动以来，捐款人数和金额呈逐年上升趋势。2015～2020 年，99 公益日的捐款人数从 205 万人上升至 5780 万人，捐款金额从 1.27 亿元上升至 23.2 亿元，分别增长 27 倍和 17 倍，其所募集的款项约 90%用于脱贫攻坚和乡村振兴。②

六 城乡融合发展格局加快形成

随着宽带中国战略的部署以及电信普遍服务试点的实施，城乡之间的互联网接入差距不断缩小。统计数据表明，2013～2021 年，农村地区的互联网普及率由 28.1%提升至 57.5%，同期城镇地区普及率由 60.3%提升至 81.3%，城乡差距由 32.2 个百分点下降至 23.8 个百分点。③ 互联网及配套基础设施的日益完善不仅为促进教育、医疗、社会保障等公共服务的城乡一体化创造了条件，而且加快了数字金

---

① 《国务院新闻办就网络扶贫行动实施情况举行发布会》［EB/OL］，［2020-11-6］．中国政府网，https：//www.gov.cn/xinwen/2020-11/06/content_5558468.htm。

② 《腾讯公益平台 2020 年筹款九成用于脱贫攻坚和乡村振兴》［N/OL］，［2021-8-27］，央广网，http：//tech.cnr.cn/techph/20210827/t20210827_525581848.shtml。

③ 中国互联网络信息中心：《第 49 次〈中国互联网络发展状况统计报告〉》［R/OL］．［2023-8-7］．https：//www.cnnic.net.cn/NMediaFile/2023/0807/MAIN1691372884 990HDTP1QOST8.pdf。

融、电子商务等互联网服务业向农村拓展，带动了资金、技术和人才等关键要素持续流向农村，有力推动了城乡融合发展格局的加快形成。根据教育部数据，截至 2022 年，全国中小学（含教学点）互联网接入率达到 100%，比 2012 年提高了 75 个百分点；99.9%的学校出口带宽达到 100M 以上，超过 3/4 的学校实现无线网络覆盖，99.5%的学校拥有多媒体教室，数字化教学条件的全面普及为优质教育资源的普惠共享创造了有利条件。[①]《中国县域数字普惠金融发展指数研究报告 2022》显示，近年来我国县域数字普惠金融总体发展水平快速提升。2017~2021 年，全国县域数字普惠金融发展总指数得分的中位数从 47.61 分提高到 97.33 分，增长 104.43%。[②] 大量实证研究表明，数字普惠金融通过提高支付便利性和缓解流动性约束等作用机制，不仅在个体层面促进了农村居民创业、增收和消费水平的提升，缩小了城乡收入差距；[③] 而且推动了农村产业的转型升级与融合发展，设施农业、农副产品加工业、休闲农业、乡村旅游业、直播电商等新业态新模式不断涌现。[④] 在数字金融、电子商务等新兴服务业的有力带动下，截至 2020 年，全国各类返乡入乡创业创新人员达到 1010 万人。其创业项目中，55%为运用信息技术开办网店、直播直销、无接触配送等，85%以上属于一二三产业融合类型，广泛涵盖产加销服、农文旅教等领域。[⑤] 农村产业的转型升级和融合发展不仅拓展了农民增收致富渠道，也推动城乡居民收入差距持续缩小。2022

① 《教育部：全国中小学互联网接入率达到 100%》，[N/OL]，[2023-2-9]，中国教育在线，https://news.eol.cn/meeting/202302/t20230209_2297488.shtml。

② 陈果静：《数字普惠金融有效服务农村》，《经济日报》2022 年 12 月 5 日。

③ 张勋、万广华、张佳佳、何宗樾：《数字经济、普惠金融与包容性增长》，《经济研究》2019 年第 8 期，第 71~86 页。

④ 张林、温涛：《数字普惠金融如何影响农村产业融合发展》，《中国农村经济》2022 年第 7 期，第 59~80 页。

⑤ 《去年返乡入乡创业创新人员达 1010 万》[N/OL]，[2021-3-16]，人民网，http://society.people.com.cn/n1/2021/0316/c1008-32052082.html。

年，城乡居民人均可支配收入比为 2.45，比 2007 年的峰值下降 0.7，达到 21 世纪以来的历史新低。①

第四节　中国农业农村信息化发展的经验启示

众所周知，受人口密度低、市场规模小，资金、技术、人才匮乏等多重因素制约，农业农村信息化发展通常面临比城市地区更大的挑战。联合国国际电信联盟的数据显示，截至 2022 年，全球仍有 34% 的人口，即 27 亿人从未使用过互联网，其中的绝大多数生活在欠发达国家和农村地区。全球农村地区的网络普及率仅为 46%（中国为 61.9%），非洲地区更是低至 23%。② 从产业的数字化转型水平来看，2021 年全球 47 个主要国家数字经济对第一产业的平均渗透率仅为 8.6%（中国为 10.1%），明显低于二、三产业（分别为 24.3% 和 45.3%）。③ 作为一个有着巨大农业人口，且长期存在城乡二元结构的发展中大国，中国农业农村信息化发展所面临的制约和挑战无疑更加严峻。在面临诸多制约和挑战的条件下，中国能在农业农村信息化的建设和发展中取得上述突出成就，我们认为有三方面的经验值得总结。

---

① 国家统计局：《中华人民共和国 2022 年国民经济和社会发展统计公报》［EB/OL］，［2023-2-28］，http：//www.stats.gov.cn/sj/zxfb/202302/t20230228_ 1919011.html。

② ITU. Measuring Digital Development: Facts and Figures 2022［R/OL］.［2022］. https：//www.itu.int/itu-d/reports/statistics/facts-figures-2022. 中国互联网络信息中心：《第 51 次〈中国互联网络发展状况统计报告〉》［R/OL］.［2023-3］.https：//www.cnnic.net.cn/n4/2023/0303/c88-10757.html。

③ 中国信息通信研究院：《全球数字经济白皮书（2022 年）》［R/OL］，［2022-12］，http：//www.caict.ac.cn/kxyj/qwfb/bps/202212/P020221207397428021671.pdf；中国信息通信研究院：《中国数字经济发展研究报告（2023 年）》［R/OL］，［2023-4］，http：//www.caict.ac.cn/kxyj/qwfb/bps/202304/P020240326636461423455.pdf。

（一）与时俱进的发展理念为农业农村信息化发展奠定了必要认知基础

回顾改革开放以来中国信息化的发展历程可以看到，农业农村信息化虽然和国家信息化建设同时起步，但其建设步伐在较长时期内明显落后于城市和其他产业部门，早在 20 世纪 90 年代初就提出的"金农"工程，直到"十一五"时期才进入全面实施阶段。进入 21 世纪以来，特别是党的十八大之后，农业农村信息化建设的政策支持力度全面升级，信息化发展进入全面提速阶段，农村通信基础设施、农业农村大数据的开发应用，信息技术在农业生产经营领域的应用以及农村基层治理和服务的数字化水平在较短时期内迈上了一个新台阶。

中国农业农村信息化所呈现出的由慢到快、由点及面的发展特点不仅反映了信息技术发展和应用的一般规律①，也充分体现了政策支持的重要性。而政策支持力度的变化，很大程度上是中国政府顺应时代潮流和国家经济社会发展水平的变化，与时俱进对发展理念做出调整的结果。如上所述，"大国小农"的基本国情和城乡二元经济结构决定了在相当长时期内，农业农村经济社会发展和水电路网等基础设施建设水平明显落后于城镇地区。进入 21 世纪以来，随着经济社会发展进入全面建设小康社会的新阶段，国家在发展理念上作出重大调整，先后提出"以人为本、全面协调可持续"的科学发展观和"创新、协调、绿色、开放、共享"的新发展理念，在工农城乡关系上提出"工业反哺农业、城市支持农村和多予少取放活"的指导方针，推动农业农村发展进入城乡统筹和融合发展的新阶段；不仅农业农村

---

① 即，一方面受摩尔定律支配，信息技术存在加速发展的趋势；另一方面受经济规律支配，信息技术的创新和应用通常存在由工业部门向其他产业部门、由城市向农村地区逐步扩散的过程，造成农业农村信息化发展相对滞后的局面。Salemink, Koen, Dirk Strijker, and Gary Bosworth. "Rural Development in the Digital Age: A Systematic Literature Review on Unequal ICT Availability, Adoption, and Use in Rural areas"[J], *Journal of Rural Studies* 54（2017）：360-371.

基础设施建设步伐明显加快，而且城乡之间在基础设施、公共服务等方面的一体化建设和产业融合发展的体制机制逐步建立和完善，为农业农村信息化建设的全面提速和跨越式发展创造了有利的政策环境和制度支撑。在此背景下，随着信息技术迭代升级的加速和应用范围的拓展，以及信息化在国家发展中战略地位的进一步提升，农业农村信息化建设得以全面提速，在逐步缩小城乡"数字鸿沟"的同时有力推动了城乡融合发展格局的形成。

（二）中国特色社会主义制度为农业农村信息化发展提供了强大制度保障

长期以来，特别是改革开放以来，党和国家在经济社会治理实践中形成了一整套具有中国特色的社会主义制度体系。中国特色社会主义制度最本质的特征和最突出的优势在于坚持党的集中统一领导。作为国家最高政治领导力量，党发挥总揽全局、协调各方的领导作用，在确保经济社会建设的社会主义方向和以人民为中心的发展导向、坚持社会主义制度和市场经济的有机结合以及调动各方面积极性集中力量办大事等方面形成了十分明显的优势，为国家重大发展战略的有效推进和落实提供了强大的制度保障。在农业农村信息化发展方面，特别是党的十八大以来，农业农村信息化建设和数字化转型的顶层设计更趋完善，形成了一套以规划布局统领多部门分工协作、以试点示范促进基层创新、以重点工程带动社会投资、以过程指导与考核评价强化约束激励的战略推进机制，有力地推进了阶段性战略目标的如期实现。

从部门协同来看，在决胜脱贫攻坚时期，中央网信部门根据中央和国务院关于打赢脱贫攻坚战的决策部署牵头建立了有 21 个部门和单位参加的网络扶贫行动部际协调工作机制，为整体推进、高效完成网络扶贫各项任务提供了强大的组织合力。2019 年中办和国办联合颁发《数字乡村发展战略纲要》后，农业农村信息化建设继续保持多部门统筹协调的工作体制（数字乡村建设的联合发文部门由 4 个逐步增加到 10 个），为协调各部门的数字乡村政策、统筹利用各类涉农资源、形成建设和发展合力奠定机制基础。在基层和社会资源的动员方面，"十三五"以来，为配合国家脱贫攻坚和乡村振兴的战略部署，相关部门先后启动了网络扶贫行动计划、"互联网+"现代农业三年行动实施方案、数字乡村发展行动计划等专门行动，用重点工程和试点示范相结合的方式推进重要政策目标和阶段性建设任务的贯彻落实。例如，最新颁发的《数字乡村发展行动计划（2022—2025 年）》结合八个方面的行动计划启动了七大工程。重点工程与试点示范作为具有中国特色的社会动员和政策推进机制，一方面能够发挥有为政府和有效市场的互补优势，通过财政资金对社会资金的引导作用动员更多社会力量参与国家重大发展战略的实施，另一方面则有助于调动地方政府的积极性和创造性，激励后者围绕国家战略开展基层探索和创新实践，达到以小带大、以点带面的政策推进效果。

（三）中国数字经济的规模与结构优势为农业农村信息化发展提供了有利市场环境

随着信息技术的快速迭代以及应用范围的不断扩大，中国数字经济在过去十年呈现高增长态势，数字经济增加值从 2012 年的 11 万亿元提高到 2022 年的 50.2 万亿元，占 GDP 比重由 2012 年的 21.6%提升至 2022 年的 41.5%。① 从总量上看，中国数字经济发展规模仅次于美国，已位居世界第二。从发展结构看，尽管三次产业的数字化转型进度呈现较大差异，但中国在电子商务和数字支付等领域已处于全球领先地位，信息通信产品占到全球出口市场总额的

---

① 中国信息通信研究院：《中国数字经济发展研究报告（2023 年）》［R/OL］．［2023-4］．http：//www.caict.ac.cn/kxyj/qwfb/bps/202304/P020240326636461423455.pdf。

约 1/3。[①] 中国在数字技术领域的比较优势，以及数字技术应用借助中国巨大消费市场所形成的规模优势为农业农村信息化发展创造了有利的技术条件和市场环境。尽管目前来看，信息技术在农业生产领域的渗透率明显低于二三产业，[②] 但在物联网、人工智能、北斗定位等新一代信息技术和智能装备的支持下，智慧农业已由试点示范向普及推广迈进，畜禽养殖和主要农作物种植等领域的信息化已达到较高水平。另外，得益于中国巨大的人口规模和消费潜力，平台经济、共享经济和零工经济等新兴业态得以快速发展，并对农村地区形成了强大的外溢效应。这种外溢效应不仅表现为向农村居民提供了大量非农就业和增收机会，[③] 而且有力推动了农村电商、直播带货、休闲农业、乡村旅游等新型创业模式的发展和返乡入乡人才的回流，为促进农村产业结构的转型升级和融合发展、振兴乡村经济提供了重要的发展机遇和要素支撑。

作为一个社会主义发展中大国，中国克服"大国小农"和城乡二元分割体制的制约与挑战，在农业农村信息化方面走出了一条既体现信息化发展一般规律，又具中国特色的发展道路，在信息基础设施建设、农村产业转型、基层治理与公共服务的数字化转型等方面取得

---

① Longmei, Zhang, and Chen Sally. "China's Digital Economy: Opportunities and Risks." IMF Working Paper, WP/19/16.

② "十三五"期间，数字经济在一二三产业的渗透率分别从 6.2%、16.8% 和 29.6% 提高到 8.9%、21% 和 40.7%。参见中国信息通信研究院：《中国数字经济发展白皮书（2017）》 [R/OL]，[2017-7]. http://www.caict.ac.cn/kxyj/qwfb/bps/201804/P020170713408029202449.pdf；中国数字经济发展白皮书（2021）》 [R/OL]，[2021-4] . http://www.caict.ac.cn/kxyj/qwfb/bps/202104/P020210424737615413306.pdf。

③ 一项针对 6.38 万名外卖骑手的问卷调查显示，接受调查的骑手中有超过 80% 来自农村。2020 年，农村户籍外卖骑手的月均收入为 4617 元，比全国农民工月均收入水平（4072 元）高 13.4%；与制造业（4096 元）、住宿餐饮业（3358 元）等传统行业相比，外卖骑手这一新兴职业对农民的增收效应更加明显。张成刚、陈雅茹、徐玥：《新就业形态劳动者的工资保障研究——以外卖骑手为例》，《中国劳动》2022 年第 4 期，第 21~36 页。

了历史性成就。中国之所以在农业农村信息化发展中能取得突出成就，有三方面的因素至关重要，一是与时俱进的发展理念，二是中国特色社会主义国家的制度优势，三是数字经济的规模与结构优势。这些历史经验不仅能为新时代农业农村信息化建设和数字乡村发展提供指引，也能为其他发展中国家信息化建设和发展提供有益参考。

第七章
农业数字化转型的国际经验

20 世纪 60 年代以来，世界农业发展经历了以矮秆品种为代表的第一次绿色革命、以动植物转基因为核心的第二次绿色革命。随着现代信息技术与农业的深度融合发展，农业的第三次革命——"农业数字革命"正在到来。① 基于新一代信息技术的智能化农业装备、遥感与传感器系统以及农业大数据与云服务技术正在推动农业生产由传统农业、生化农业、机械化农业进入数字农业、精准农业和智慧农业的新时代。② 以生产的精准化和智能化为主要特征的智慧农业将很大程度上缓解工业化时代农业生产所面临的双重矛盾，即粮食需求上升和耕地资源减少的矛盾，以及使用化肥提高粮食产量但可能危害粮食安全和造成环境污染的矛盾。③ 对中国这样一个拥有全球第二大人口

---

① 赵春江：《发展智慧农业　建设数字乡村》，《农机科技推广》2020 年第 6 期，第6~9 页。

② 有观点认为，数字农业强调数据对农业生产、经营、管理以及销售等环节的基础支撑和可视化作用，是实现精准农业的前提；精准农业强调时空上非均匀化变量管理，根据分区单元的不同调整投入量，实现农业生产过程的精准管控，以较少的投入获得同等或更高的产出；智慧农业是现代农业的高级阶段，旨在实现农业生产经营、加工销售等全过程各个环节都由信息流把控和智能配置，生产者、销售者和消费者之间信息透明，是技术高度融合、全程无人操作的农业形态。具体参见陈媛媛、游炯、幸泽峰等《世界主要国家精准农业发展概况及对中国的发展建议》，《农业工程学报》2021 年第 11 期，第 315~324 页。

③ Huang, Jikun. "China's Rural Transformation and Policies: Past Experience and Future Directions" [J] *Engineering* 18（2022）：21-26.

规模、人地矛盾尤为突出的发展中大国来说，农业的数字化转型不仅是农村产业振兴的战略方向和乡村全面振兴的经济基础，而且是保障国家粮食安全、加快实现农业强国的关键支撑和必要途径。

前文的分析表明，自党的十八大以来我国农业农村信息化建设进程全面提速，在"互联网＋"现代农业三年行动等政策的有力推动下，农业生产开始迈向数字化和智慧化的新阶段。与此同时，农业的数字化转型也面临供给和需求两侧的大量制约和挑战。从全球视野看，我国农业数字化转型进程与欧美等经济发达国家相比还有较大差距。自20世纪70年代提出精准农业思想以来，经过半个世纪的实践，美国已形成了相对成熟、可推广普及的精准农业模式，代表了全球精准农业的最先进水平。而我国于20世纪末才启动精准农业方面的研究和实践，[①] 起步时间比美国落后近30年。

在此背景下，比较和总结数字农业发展的国际经验，对于加快推进我国农业数字化转型进程无疑具有重要的参考价值和借鉴意义。本章将分别介绍美国、日本、印度和欧盟在推进农业数字化转型过程中的一些特色做法及其实践经验，在比较其共性特征和个性差异基础上提炼总结其对中国数字农业发展的启示。

第一节 美国经验：全过程政策支持与民间参与

20世纪后半叶，发达国家的农业，特别是美国农业得到高速发展，由此也带来了水土流失、环境恶化等严重后果。为此，以美国为首的发达国家开始寻求解决办法。首先是20世纪70年代应用微电子

---

① 陈媛媛、游炯、幸泽峰等：《世界主要国家精准农业发展概况及对中国的发展建议》，《农业工程学报》2021年第11期，第315~324页。

技术实现农机的信息化监控，随后 80 年代美国农学家提出"处方农作"的思路，建立作物栽培、土壤肥力、作物病虫草害管理的数字模拟模型。90 年代海湾战争结束后，GPS 技术的民用化为"处方农业"提供了定位手段。经过 20 年的发展，作物学、农艺学、土壤学、植保学、资源环境学和智能装备、自动监控深度融合，同时借力 GPS、GIS 逐步完善了"精准农业"技术体系。截至 2015 年，美国有超过 83% 的农场采用精准农业技术，82% 以上的农场使用了 GPS 自动导航技术，74% 以上的农业装备使用了 GPS 辅助导航技术，超过 30% 的农场使用了基于 GPS 和处方图的变量作业技术。①

美国政府在应对农业发展的突出问题过程中逐步构建了一套完整的政策体系。其中最具代表性的是自 1990 年以来每 6 年修订一次的《农业法案》，最近一次出台的 2018 年《农业法案》，经美国国会审议通过后，确定了最近 5 年的农业和粮食政策方向。

作为发展精准农业的必要条件，农村通信基础设施建设也是农业法案的重要内容。美国对农村通信基础设施建设的政策支持始于 1936 年的《农村电气化法》。法案第六章规定了"国务卿应为农村地区宽带服务设施和设备的建设、改进和购置提供资金或担保贷款"。2018 年颁布的《农业法案》，从技术、资金和组织多个维度对农村宽带建设提供新的支持，主要包括提高宽带服务运行速度标准、大幅提高宽带项目的财政拨款，并减少贷款限制；宽带创新发展计划与社区连接赠款计划并行，设立工作组以评估宽带建设中的障碍与机遇等。

为实现农村连接高速宽带，建立前瞻性的宽带标准，新法案将农村地区宽带服务最低可接受标准提高到下载速度 25 兆/秒和上传速度 3 兆/秒，修改了 1936 年的《农村电气化法》第 601 节的规定，即农村地区宽带服务的最低可接受水平为下载速度 4 兆/秒和上传速度

---

① 姜靖、刘永功：《美国精准农业发展经验及对我国的启示》，《科学管理研究》2018 年第 5 期，第 117～120 页。

1 兆/秒。

　　与此同时，法案还修订了农村宽带接入贷款和贷款担保计划，允许美国农业部提供贷款和贷款担保以外的赠款以资助宽频网络部署计划，并将 2019~2023 财年宽带项目的授权拨款从每年 2500 万美元增加到 3.5 亿美元，增加了 13 倍之多。新法案还重新批准了 2014 年《农业法案》中设立的农村千兆网络试点计划，并将该计划更名为"宽带创新发展计划"。同时还将"社区连接赠款计划"纳入法案，并授权在 2019~2023 财年每年为该计划提供 5000 万美元的自由支配资金。同时新法案还设立了农村宽带整合工作组，以识别和应对在农村地区部署宽带的障碍和机遇。

　　新法案还授权联邦通信委员会（FCC）成立工作组，审查精准农业的连通性和技术需求。该工作组将与农业部以及农业技术领域的公共和私营的利益相关方合作，以确定农业宽带可用性方面的差距，并制定政策建议。

　　美国在农业支持政策方面的经验不仅限于事先的政策制定，还覆盖了事后监测与反馈的全过程。即除了在政策制定上提出要求和提供支持外，美国联邦通信委员会（FCC）从 2011 年开始每年测量固定宽带并形成报告，这是美国宽带测量（MBA）计划的一部分，对美国消费者宽带性能进行持续的、严格的全国性研究。报告中主要包括下载和上传速度、延迟、数据包丢失等性能指标。并且该计划中使用的所有方法都完整记录在报告中，所有收集的数据都公开发布，收集的性能数据可用于各种额外的研究和分析。

　　联邦通信委员会经济分析办公室研究员凯瑟琳·洛皮卡洛曾基于上述数据分析了宽带普及率对美国农业生产率的影响。该研究使用了美国联邦通信委员会（FCC）发布的宽带用户的详细数据以及美国农业部国家农业统计局（NASS）发布的农业普查中农业生产费用和作物产量信息的数据。研究结果表明，在 25 兆/秒的下载速度和 3 兆/

秒的上传速度的门槛下，随着互联网普及率的提高，作物产量有所提高。具体表现为每 1000 户家庭的 25+/3+连接数量增加 1 倍，玉米产量（以每英亩蒲式耳计算）就会增加 3.6%。而在 10 兆/秒的下载速度和 0.768 兆/秒的上传速度门槛下，有证据表明农业成本会有所节约。具体表现为每 1000 户家庭的 10+/0.768+连接数量翻一番，每个农场经营费用就会减少 2.4%。[①]

除了政府部门出台完整的政策体系推动数字农业发展之外，美国民间机构在推动构建农村数字生态系统方面也发挥着突出作用。农村创新中心（Center on Rural Innovation，CORI）就是这样一个非营利组织，其致力于与美国各地的农村领导人合作发展数字经济，支持具有发展潜力的科技公司在农村创业、并为当地创造更多的技术岗位。自 2017 年成立以来，该组织的工作主要包括三个部分。第一，实施"农村创新计划（RII）"，即帮助小城镇设计数字经济生态系统战略，以发展经济为中心，通过数字就业、技术技能建设、创业和智能设施来吸引和留住年轻人。作为这项工作的一部分，该组织创建了农村创新网络（RIN），这是一个由全国各地的农村变革推动者组成的日益壮大的联盟，致力于将他们的家乡发展成繁荣的数字生态系统。第二，启动"CORI 创新基金（CIF）"，专注于投资全国各地农村初创企业。该基金寻求在传统风险投资机构服务不足的农村地区寻找有吸引力和有技术支持的企业。第三，绘制美国农村地区地图并进行数据分析。由于在覆盖范围、颗粒度以及大片土地上相对稀疏的人口分布等方面存在固有的挑战，从农村地图数据中收集信息是困难的。所以该组织设计和构建数据驱动地图、工具和资源，以帮助政策制定者、投资者、非营利组织、学者、记者和地方变革推动者更好地了解

---

① Katherine LoPiccalo, Impact of Broadband Penetration on U. S. Farm Productivity: A Panel Approach, Telecommunications Policy, Volume 46, Issue 9, 2022. https://docs. fcc. gov/public/attachments/DOC-368773A1. pdf.

全国各地的农村及社区正在发生的事情，并做出更明智的战略决策。该组织使用农村数据集和可视化呈现来说明存在于美国农村的挑战和机遇，以确保感知与现实相符。未来，该组织还将致力于不断为农村数字经济发展培训数字工作的人才以确保数字经济生态能持续健康发展。

通过与各农村社区的合作，CORI 确定了社区建设数字经济生态系统所需的基本要素、必要的基础设施以及直接驱动因素。基本要素主要包括住房、公共健康安全、有吸引力的"生活—工作"中心区域等，虽然不是每一个元素都需要十分健全，但是元素之间的差距都会阻碍数字经济生态系统的进步。必要的基础设施则包括宽带基础设施、共同工作和创业空间、当地的领导能力等，这是一个社区需要发展数字经济所必不可少的条件。直接驱动因素则是使社区能够在数字经济发展中获得竞争力的因素，这些因素关乎本地能力建设，能为数字化工作、资金及劳动力发展提供支持。这也是 CORI 力图通过农村创新计划来为社区提供支持的领域，其所开展的支持性项目包括：支持和孵化技术企业家的项目、发展和支持数字化劳动力、获得资本、科技文化建设以及获得数字化工作机会等。通过以上工作，CORI 希望最终实现农村地区数字经济生态系统的蓬勃发展，通过鼓励高科技企业在农村创业和成长，来增加农村地区的技术性就业机会和促进农村经济的可持续增长。[①]

总的来看，美国在促进农业和农村数字化转型方面有以下几方面值得参考和借鉴。第一，政策目标明确并提供大力支持。我们从其政策文件中可以看出，不论是《农村电气化法》还是 2018《农业法案》，美国政府对于宽带速度的要求十分细致，给后续政策执行提供了十分清晰的方向，并且大幅提高对于宽带基础设施的预算投入，助

---

① 详见美国农村创新中心网站，https://ruralinnovation.us/our-work/digital-economic-development/。

力推动宽带基础设施的发展。第二，重视对政策执行效果的监测与反馈。美国联邦通信委员会（FCC）从 2011 年开始每年发布固定宽带报告，并将所有收集的数据公开发布供公众使用，不仅为追踪和评估政策执行效果提供了数据支撑，也为改进和完善政策奠定了基础。第三，鼓励并支持民间机构参与农村数字经济生态系统建设。上述美国农村创新中心（CORI），在推动农村数字化转型方面发挥了积极作用，并且在美国经济发展局的资助下，发布了大量关于数字经济发展的报告，其中包括美国农村地区的自动化、美国农村地区的零工经济、各州数字经济的案例分析等等。①

第二节　日本经验："产学研"一体推动精准农业技术开发

日本的精准农业可追溯到 1993 年由东京农工大学与北海道大学联合举办的农业机械学会研讨会上提出的因地制宜的农田管理理念（Site-Specific Crop Management，SSCM），此后日本多位学者对欧美精准农业进行考察与访问，由此揭开了日本精准农业研究的序幕。基于日本农田面积小、农户与耕地交错等特殊国情，精准农业技术的导入成本始终居高不下，并导致精准农业技术无法发挥其真正的效用。因此，日本政府及学术界因地制宜、提出了适应日本国情的价值驱动及共同体主导的精准农业模式（Value – driven Community – based Precision Agriculture）。在这一模式下，精准农业共同体由农业经营团体和技术平台两部分构成，以农户为主体的农业经营团体主要负责革新传统的自然农业五要素（作物、农田、技术、地区特点和农户主

---

① 详见美国农村创新中心资料库：https：//ruralinnovation. us/resources。

观意愿）；以企业为主体的技术平台则负责为农户提供先进的精准农业技术并促进精准农业技术的普及和利用。①

在日本精准农业发展过程中，作为技术提供方的企业起到了至关重要的作用，这在日本相关法律中也有所体现。例如，日本《粮食、农业农村地区基本法》第 29 条规定，国家采取必要措施，制定明确的技术研究开发目标，鼓励国家和地方的科研机构、大学和社会团体加强合作，推广适合本地区特点的农业技术，以便在农业、食品加工和分销领域有效地促进这类技术的研究、开发和传播活动，通过立法的方式鼓励和推进产学研一体化发展。

在相关法规和政策指导下，日本农林水产省（MAFF）与私营公司、大学、研究机构和其他组织进行合作，推动利用信息通信技术及机器人技术实现省力高效的"智慧农业"。同时，为发挥和强化数据资源在推动智慧农业发展中的作用，日本国家农业和食品研究组织（NARO）于 2019 年主导构建了农业数据协作平台"WAGRI"，农户可以通过使用平台数据优化农田管理以提高生产效率，公共和私营部门也可以在平台上进行数据利用和协作。WAGRI 平台同时具备了数据提供、共享和协作的能力。有关农业生产经营的收益数据、市场条件数据、土壤数据、农田数据、天气数据和增长预测系统等此前分散的数据都将汇集在这一平台上，为制定生产计划、耕种移栽、农作物生长管理以及收获等各项工作提供数据支持，同时在生产经营中收集到的数据以及遇到的问题也将在 WAGRI 平台上进行反馈。因此，以数据为基础的智慧农业可以通过 WAGRI 这一平台实现数据积累与利用的良性循环。②

---

① 温佳伟、黄金柏、徐乐：《日本精准农业发展现状与展望》，《中国农机化学报》2014 年第 2 期，第 337~340 页。
② 详见日本农林水产省网站关于 WAGRI 平台功能简介，https://www.maff.go.jp/e/policies/tech_res/smaagri/attach/pdf/robot-5.pdf。

在日本农林水产省（MAFF）的官方网站上，可以看到日本农业产学研一体化的最新成果——在 2019 年国际机器人展览会上展出的机器人。机器人主要应用于三个领域：管理控制系统、喷洒农药和除草以及农作物收获。

管理控制系统主要包括农村工程研究所主导研发的远程水管理系统以及涩谷精机株式会社研发的 RHI 机器人水果分拣系统。远程水管理系统可以使用智能手机远程管理稻田水位，在测试中预计水管理时间将减少约 80%，并将大大减轻农户负担。RHI 机器人水果分拣系统则是通过机器人自动分拣水果和蔬菜，并轻柔、灵活地包装不规则水果和蔬菜，以减少劳动力的使用。

在喷洒农药方面，多家公司研发无人机进行智能农药喷洒工作。尼莱工程公司研发"Nile-T19"农业无人机，可以收集数据对田地的生长情况进行单独判断，根据诊断结果提出肥料、除草和害虫防治的精确施用，在田地上方 30~50 厘米处自动喷洒杀虫剂（见图 7-1-左上）。OPTiM 公司同样在研发一架用于喷洒杀虫剂的无人机，精确喷洒农药可以大大减少农药的使用量（见图 7-1-右上）。除了喷洒农药之外，除草机也逐渐智能化。日本农业机械研究所研发的遥控外滩除草机用于修剪稻田围堰和斜坡，斜坡最高倾斜可达 35 度，减少了所需劳动力。由植山寿乐农业财团研发的半自走式割草机的主要特点是成本低，并且可以将割草时间减少 50% 甚至更多（见图 7-1-左下）。东京大学与山阳琪琪株式会社研发的小型发动机割草机器人会自动沿着稻田山脊奔跑并修剪草地，它所配备的小型发电机能够续航更久（见图 7-1-右下）。

另外，多家研究所与公司都研发了作物采摘机器人。立命馆大学和大田农业机械株式会社合作研发的卷心菜收割机器人无须司机或工人，可以自动收获卷心菜并具备 AI 和自动运输集装箱的系统（见图 7-2-左）。由宇都宫大学和 i-eat 株式会社合作的草莓采摘机器人可

图 7-1　日本产学研共同开发的喷洒农药及除草机器人

资料来源：日本农林水产省（MAFF）官方网站。

以通过图像识别自动收获成熟的草莓，不会损坏较软的水果，自身配置的传感器可以在后续支持收货之后重物的运输（见图 7-2-右）。

图 7-2　日本产学研共同开发的作物采摘机器人

资料来源：日本农林水产省（MAFF）官方网站。

除了鼓励研发之外，日本农林水产省还大力推动研发成果投入使用的进程，将最先进的智慧农业技术引入农业现场，并分析管理效果。截至 2023 年 5 月，日本全国已有 217 个地区开展了智慧农业示范项目。[①]

日本农业发展面临人口老龄化程度高、农业从业人员少，农田面积小并且相互交错等现实挑战，所以在农业数字化转型，特别是数字技术和农机装备开发过程中以适应国情特点为首要考虑因素。无论是农业数据协作平台 WAGRI 还是各类适用于农田的机器人，都紧密结合国情，以提高生产效率、减少劳动力的投入为出发点。与此同时，日本各级政府都十分重视和鼓励产学研一体化发展，研究所、大学与商业公司有着密切的合作关系，有利于促进信息交流以及各方优势互补，从而推动研发成果尽早投入制造与使用。

第三节　印度经验：发挥软件业优势
增强农业信息服务

印度是世界上农业和农村人口规模最大的国家。2021 年，印度人口规模为 13.9 亿，其中有超过 9 亿人口居住在农村，占人口比重的 65%。从经济结构看，农业仍然在印度经济中扮演重要角色，不仅对 GDP 的贡献率保持在 16% 以上，而且有 43% 的劳动力在农业部门就业。比较而言，2020 年中国农业对 GDP 的贡献率仅为 7.7%，农业部门的就业人口占比仅为 23.6%。[②]

---

① MAFF. Development of Smart Agriculture. ［EB/OL］. ［2023-5］. https：//www. maff. go. jp/e/policies/tech_ res/smaagri/attach/pdf/robot-4. pdf.

② 黄季焜：《加快农村经济转型，促进农民增收和实现共同富裕》，《农业经济问题》2022 年第 7 期，第 4~15 页。

为推动农业和农村地区的数字化转型，印度于 2012 年启动农村宽带项目，计划到 2025 年实现光纤宽带对 25 万个行政村的全面覆盖。农村宽带项目的推进使印度农村地区的互联网用户由 2017 年的 1.3 亿迅速增长至 2021 年的 3.5 亿，互联网普及率也由 15% 提升至 37%。但印度有超 9 亿人口居住在农村，这使得农村地区的互联网普及率不仅明显低于城市地区（69%），而且低于世界平均水平（39%）。2021 年，中国农村地区互联网普及率为 58%，比印度高出 21 个百分点。印度农村地区较低的互联网普及率不仅与农村人口基数大有关，也可能与通信服务价格过高、一些农民负担不起有关。

与此同时，印度政府还启动了国家农业电子治理计划（National e-Governance Plan in Agriculture，NeGPA），希望发挥本国在软件服务领域的优势，通过强化面向农民和农村地区的信息服务，提升农业生产和经营效率。该计划最早于 2010~2011 年在七个选定的邦进行试验，在 2014~2015 年推广到所有邦。

该计划主要涉及以下几个项目。

（1）门户网站 MKisan。由于智能手机在印度农村地区的普及率较低，所以印度政府选择使用移动电话向农民提供服务。在印度农业部开发的门户网站 MKisan 上，有 5.2 亿农民在该网站注册，来自不同部门的专家、科学家，如印度气象部门（IMD）、印度农业研究委员会（ICAR）、邦政府、州立农业大学等通过该网站定期向农民发送信息。信息内容包括与天气有关的信息如降雨、温度等，为农民选择种子品种、播种和确定收获时机提供帮助；还有关于市场的信息，如产品的销售情况、当前市场价格和市场需求量，帮助农民以正确的价格在正确的时间销售产品，有助于减少农民因市场供应波动而面临销售困境。

（2）农民门户网站（www.farmer.gov.in）。农民门户网站是一个为农民提供一站式服务的网站，农民可以在网站上获得一系列相关信息包括：种子、化肥、农药、信贷、良好实践、经销商网络、农业咨询等，并且这些信息可以根据网页上的印度地图进行深入挖掘。该门户网站作为一个集中的存储库，提供从播种到收获后的所有作物管理阶段的信息，是所有移动应用程序和短信咨询的基础数据。

（3）移动应用程序 Kisan Suvidha。除了使用移动电话向最贫穷社区的农民传播农业相关信息之外，印度政府希望通过移动应用程序赋予农民更多的可选择性。Kisan Suvidha 是一个综合性的移动应用程序，界面简单，首页提供关键信息如天气、投入物经销商、市场价格、植物保护、专家咨询、土壤健康卡、冷藏库和仓库、作物保险、政府计划等；另有一个标签可以直接连接 Kisan 呼叫中心，点击标签就会有农业专家回答农民提出的问题；应用程序还增加了一些独特功能如极端天气警报、最近地区商品的市场价格、该邦和全国的最高价格，大大提高了信息获取的便利性。

此外，印度农业合作和农民福利部于 2019 年 10 月成立了一个工作组，负责创建了印度数字农业生态系统（IDEA）。该计划希望利用新兴技术建立一个与土地记录相联系的全国农民联邦数据库。目前已经完成一个试点项目，覆盖 6 个邦的 10 个村庄共 6.7 万农民，并决定在全国推广。

由印度国家农产品行销协会与卡纳塔克邦农产品运销部联合研发的农产品价格监测预警应用系统，通过安装数据库和统计软件，结合经济学模型将多种参数、多套数据植入价格预测中，为农民提供实时和未来一个阶段的农产品市场价格预测分析报告，提升了农产品供销市场的透明度，降低了价格变动带来的市场风险。①

---

① Gandhi V. P., Mei F.. "A Decision-oriented Market Information System for Forest and Agro-forest Products in India" [J]. *Iima Working Papers*, 2002, 39 (11): 1246-1253.

第四节　欧盟经验：保护数据隐私、缩小"数字鸿沟"

数字农业技术有助于减少劳动力的投入，帮助农民优化生产经营决策，提高农业生产活动的效率以及作物产量。但前提是需要农民在知情且自愿的情况下进行数据共享，并且自身的数据隐私得到保护。2018 年在经合组织全球农业论坛上，与会者就对农业数据的所有权产生了不同的看法。这进一步说明调和数据涉及的私人利益与公共利益是必要且需要得到重视的。农民可能缺乏对于数字技术的理解，从而不愿将数据的决策权交给企业；而企业则可能无法满足农民的个人需求，所以如何解决信任问题至关重要。①

欧盟各成员国十分重视数据隐私问题，并在规范数据库、个人数据和非个人数据方面有着悠久的历史。2018 年 4 月 23 日，来自欧盟农业食品链的协会联盟发布了《欧盟农业数据共享行为准则》（下称《行为准则》），在准则中解释了合同关系，并就农业数据的使用，特别是获取和使用数据的权利提供了指导。《行为准则》制定了五项关键原则，作为获取和使用农业数据的指导框架，旨在确保农民与企业之间在以下方面存在信任：数据所有权、数据访问控制权、数据保护的透明度、数据隐私和安全以及知识产权。所有五项原则加在一起都要求数据共享网络的各方尊重原始数据归属国对其数据拥有控制权，也就是说他们应该知道数据是如何被使用的以及谁有权访问这些数据。它们还要求合同是透明的：即以简单易懂的语言解释关键权利、义务，以及数据共享的目的，任何收集、储存和使用只能在得到

---

① OECD，Summary Record：Global Forum on Agriculture 14－15 May 2018 Digital Technologies in Food and Agriculture：Reaping the benefits. OECD，2018.

明确许可下进行，在与第三方共享数据时，必须寻求进一步的许可。鼓励企业解释他们用数据做什么，并给予数据发起者控制权，通过这一点声明透明度和责任感是获得信任的关键。

2018 年 5 月，欧洲农业发展网络中心在比利时布鲁塞尔举办"智慧村庄——如何确保数字战略惠及农村社区"研讨会。研讨会的一个重点议题是如何克服农村地区之间的"数字鸿沟"。

为了克服"数字鸿沟"，确保数字战略真正地惠及农村，研讨会提出要重视三个方面的内容：宽带基础设施；推广使用数字服务；数字技能和读写能力。首先，在宽带基础设施方面，欧洲数字议程设定的目标是，到 2020 年，至少 50% 的农村家庭能够接入 NGA（快速或超高速宽带网络）。2017 年，NGA 覆盖了约 80% 的欧盟家庭，但在农村和偏远山区，这一比例仅为 47%。根据欧盟《数字经济和社会指数 2017》报告，农村地区仍然没有得到足够的宽带覆盖，8% 的家庭没有任何固定网络，53% 的家庭没有覆盖 NGA。然而，这些统计数据并没有反映出哪里最需要宽带链接，"最后一英里"的连接才是最具挑战性的。其次，在推广使用数字服务方面，为了从宽带基础设施投资中获得全部价值，农村社区需要了解数字应用程序的用途，并积极地使用它们。在城市，可能会有足够数量的应用程序为日常生活提供便利，但在农村地区，许多居民可能不知道在诸如电子保健、远程学习、共享移动、物流等领域可以显著改善他们生活质量的潜在应用程序。因此，为了避免公共资助的基础设施未得到充分利用，需要与社区本身合作，以发展和促进农村地区可接受的数字服务。最后，数字技能和读写能力是影响前两部分发展的关键因素。农村地区居民的数字素养和技能不仅仅是通过宽带连接和数字服务获得的，他们还需要一定的知识和使用数字工具的操作能力，因此数字技能必须与数字基础设施一起提供，才能使农村居民真正获得数字化带来的便利。

在欧盟共同农业政策（CAP）的基础上，研讨会提出了实现农村地区数字化的可行步骤。第一，绘制本国农业和农村地区数字化政策支持的现有图景；第二，通过 SWOT 分析，确定利用数字化实现 CAP 中九个具体目标的机会和需求；第三，为满足根据这些目标确定的需要，在 CAP 战略计划中确定可采取的主要干预措施的优先次序。例如：投资小规模基础设施和当地服务，以克服诸如"最后一英里连接"等问题；进行知识交流和信息培训，缩小技能和数字差距；倡导合作，将利益相关方聚集在一起，进行能力建设、可行性研究试点和创建数字中心；第四，设定目标，分配必要的预算，最后设计和实施必要的干预措施。研讨会透露出的信息表明，农业农村地区数字化是手段而不是目的，可通过数字战略更好地实现欧盟共同农业政策中的目标与愿景。

第五节　国际经验的启示

总结上述国家和地区推动农业数字化转型的一些特色做法（见表 7-1）可知，尽管各国在政策着力点上各有侧重，这种侧重点的差异却一定程度上反映了各国发展数字农业或精准农业的一个共性，即基于本国国情或本地区价值取向确定政策干预和支持的重点领域。例如，美国强大的公民社会决定了其在制定和实施政策时更加注重过程监督和数据公开，同时也使得非营利组织作为政府与市场之间的第三方力量能在应对城乡之间的"数字鸿沟"、促进农业数字生态发展方面发挥更加积极的作用。印度尽管因农业人口众多、通信基础设施建设相对落后等原因，短期内难以实现智能化农业装备和技术应用的普及与推广，但借助其在软件服务领域的产业优势，仍可以通过构建综合性的信息服务体系为农业农村发展提供支持。

表 7-1　国外数字农业发展的特点与经验

国别/地区	数字农业发展的特点与经验
美国	清晰具体的政策目标和全过程监测与反馈、发挥非营利组织作用
日本	产学研深度一体化、轻便型智能农机的推广应用
印度	发挥软件服务业优势、强化农业信息服务
欧盟	立法保护农业数据隐私、着力解决"数字鸿沟"问题

资料来源：作者整理。

与上述国家或地区相比，制约我国农业数字化转型的一个突出障碍是"大国小农"的基本国情，85%以上的农户土地经营面积不超过 10 亩。家庭小规模经营为主的现状，一方面显然对推动农业生产经营的集约化和智能化构成了重要制约。另一方面，经营规模小的农户难以单凭粮食生产来维持生计，其必须借助进城打工增加收入，这又势必影响农业生产效率和粮食产量。因此，从提高农业生产效率、保障国家粮食安全以及推动共同富裕的角度，有学者提出种植业向"二八格局"转变的粮食安全保障与大农小农共同富裕的转型发展战略，即 20%的大农生产粮食等大宗农产品，80%的小农生产高价值农产品。通过土地制度和生产组织创新，构建适合大农小农分工生产的政策支持体系。①

如果上述"二八格局"成为未来中国农业特别是种植业转型的方向，那么，一方面，对于农业的数字化转型来说，政策支持的重点应该在保持现有土地承包经营制度的前提下，通过加快农村土地经营权的制度改革和土地流转速度，来扩大合作社、农业企业和现代家庭农场的土地经营规模，为推广农业数字化、精准化和生态化转型，保

---

① 黄季焜：《加快农村经济转型，促进农民增收和实现共同富裕》，《农业经济问题》2022 年第 7 期，第 4~15 页。

障国家粮食安全奠定基础。另一方面，在尊重小农经济传统的前提下，通过构建一站式数字支持体系，让小农户能便捷获取诸如农业市场准入、成本控制、贷款融资、农业科技指导等公共服务，激发其投身数字农业的积极性。此外，充分发挥平台经济和共享经济在供需匹配、农机装备和农技服务共享等方面的优势，可以进一步提升农业社会化服务机构面向小农的服务能力，推动小农生产和经营向专业化、集约化与智能化转型。

第八章
数字乡村战略的成效评估与对策建议

  乡村振兴和数字中国是党的十九大提出的两大经济社会发展战略。数字乡村作为两大战略的交汇点，既是乡村振兴的战略方向，又是建设数字中国的重要内容。自 2018 年中共中央和国务院在《关于实施乡村振兴战略的意见》中首次提出"实施数字乡村战略"以来，连续五年的中央"一号文件"均对数字乡村建设作出部署。根据中央部署，国家相关部门先后出台了《数字乡村发展战略纲要》《数字农业农村发展规划（2019-2025 年）》《数字乡村发展行动计划（2022-2025 年）》等重要文件，并开展国家数字乡村试点工作、发布《数字乡村建设指南》，完成了数字乡村建设的顶层设计和建设规划。

  随着数字乡村战略的部署与实施，数字乡村建设迅速成为学术研究的热点问题。在中国知网可搜索到的篇名中包含"数字乡村"的 721 篇期刊论文中，2019 年之后发表的达 672 篇，占比超过九成。文献梳理发现，已有成果呈现以下几方面的特点。从研究对象看，对农村电商、智慧农业以及智慧旅游等农村产业数字化转型的研究在数量上要远远超过对数字乡村、乡村治理、农村信息与公共服务以及乡村文化等方面的研究。① 从研究类型看，大多数文献侧重理论研究，对数字乡村建设的政策体系以及建设实践的经验和实证研究相对不足，理论研究与政策实践的契合度不高。② 从研究内容看，对数字乡村的研究以界定数字乡村的概念内涵、论证数字乡村建设的重要性和必要性、阐释数字乡村的理论与现实基础、讨论数字乡村各领域建设面临的障碍挑战以及路径和对策为主。③④⑤⑥⑦ 但由于经验研究的相对不足，总体看，对数字乡村建设的现状把握及问题挑战的判断还缺乏系统和全面的经验数据支撑。

　　基于上述研究不足，本章拟以数字乡村的战略目标为参照系，在充分利用权威部门统计数据、追踪调查和评估报告基础上，对数字乡村战略部署和实施以来取得的阶段性成效进行客观评价；结合数字乡村建设的目标任务对现存问题与挑战进行分析，进而提出下一阶段数字乡村建设的政策着力点和调整方向。

---

① 中国知网的文献检索（2022 年 4 月 22 日）发现，篇名中包含"农村电商"和"智慧农业"的期刊论文数量分别为 2667 篇和 2611 篇，而篇名包含"数字乡村"的论文数量仅为 721 篇，包含"智慧乡村"的论文中有相当部分探讨的是乡村智慧旅游问题。

② 巫丽君、刘祖云：《数字乡村的理论进展与研究进路》，《中共宁波市委党校学报》2022 年第 2 期，第 62~71 页。

③ 殷浩栋、霍鹏、汪三贵：《农业农村数字化转型：现实表征、影响机理与推进策略》，《改革》2020 年第 12 期，第 48~56 页。

④ 曾亿武、宋逸香、林夏珍、傅昌銮：《中国数字乡村建设若干问题刍议》，《中国农村经济》2021 年第 4 期，第 21~35 页。

⑤ 王胜、余娜、付锐：《数字乡村建设：作用机理、现实挑战与实施策略》，《改革》2021 年第 4 期，第 45~59 页。

⑥ 沈费伟、叶温馨：《数字乡村建设：实现高质量乡村振兴的策略选择》，《南京农业大学学报》（社会科学版）2021 年第 5 期，第 41~53 页。

⑦ 谢文帅、宋冬林、毕怡菲：《中国数字乡村建设：内在机理、衔接机制与实践路径》，《苏州大学学报》（哲学社会科学版）2022 年第 2 期，第 93~103 页。

第一节　数字乡村战略的三重目标

尽管数字乡村战略的正式提出是在 2018 年，但农业农村信息化工作则在改革开放之初即与国家信息化建设同时起步。早在 1994 年，国家就启动了"金农工程"，致力于建设全国农业综合管理与服务信息系统。2014 年，"金农工程"一期项目完成竣工验收，建成了互联互通的国家和省两级农业数据中心，以及农业监测预警、农产品和生产资料市场监管、农村市场和科技信息服务三大类应用系统，明显提升了农业部门的信息化监管和服务水平。2011 年，农业部制定颁发第一个农业农村信息化发展的五年规划《全国农业农村信息化发展"十二五"规划》后，农业农村信息化建设不仅有了顶层设计和系统规划，政策支持力度和建设步伐均得到明显提升。2016 年，为发挥信息技术在助推脱贫攻坚中的积极作用，中央网信办联合相关部门启动了包括网络覆盖、农村电商、信息服务、网络扶智、网络公益等五大工程在内的《网络扶贫行动计划》，显著改善了贫困地区的网络基础设施和信息服务水平。

党的十九大之后，随着乡村振兴和数字乡村战略的部署，农业农村的信息化建设和数字化转型上升至国家战略高度。2019 年颁发的《数字乡村发展战略纲要》以下简称《纲要》将数字乡村界定为"伴随网络化、信息化和数字化在农业农村经济社会发展中的应用，以及农民现代信息技能的提高而内生的农业农村现代化发展和转型进程"，并确立了四个阶段的发展目标。即在 2020 年数字乡村建设取得初步进展基础上，计划用 5 年时间使数字乡村建设取得重要进展，用 15 年左右时间基本实现农业农村现代化，用 30 年左右的时间全面建成数字乡村。从《纲要》所确立的各阶段发展目标来看，数字乡村与乡村振兴的目标具有高度的一致性，均致力于乡村经济、生态、文化、治理和生活领域的全面建设和发展，这标志着自改革开放初期启动的农业农村信息化建设已由原来的生产经营和管理服务的信息化进入经济、政治、文化、社会和生态"五位一体"统筹建设的新阶段。

从《数字乡村发展战略纲要》所部署的十大重点任务可以看出，数字乡村建设不仅包含"发展农村数字经济、建设智慧绿色乡村、繁荣乡村网络文化、推进乡村数字治理、深化信息惠民服务"五大主体任务，体现了"产业兴旺、生态宜居、乡风文明、治理有效、生活富裕"的总体要求；还包含推动网络帮扶衔接和统筹城乡融合发展两项协同性任务（见图 8-1）。这意味着，数字乡村建设不仅致力于经济、政治、文化、社会、生态各领域的协调发展和全面振兴，还要与缩小区域城乡"数字鸿沟"和实现城乡基本公共服务均等化等目标相结合，形成发达地区和落后地区乡村协同振兴、城市和乡村融合发展的数字乡村新格局。也就是说，在农业农村现代化的总体目标下，数字乡村建设事实上包含了三方面的目标，一是统筹推动乡村

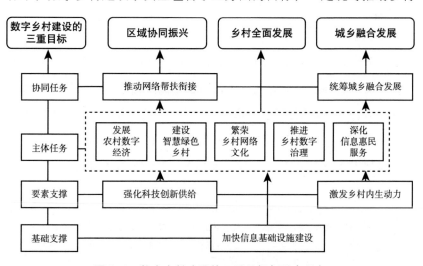

图 8-1 数字乡村建设的三重目标与重点任务

资料来源：作者绘制。

经济、社会、文化、环境和治理的协调发展与全面振兴；二是在巩固拓展脱贫攻坚成果基础上推动不同区域乡村的协同振兴；三是在缩小城乡差距和"数字鸿沟"的基础上推动城乡融合发展。

第二节　数字乡村建设的阶段性成效

2020 年不仅是决战脱贫攻坚、全面建成小康社会的收官之年，也是完成数字乡村建设第一阶段任务、为实现下一阶段目标奠定基础的关键节点。综合有关部门统计数据、跟踪调查和评估结果来看，数字乡村建设在普及农村通信网络、延伸"互联网+政务服务"、奠定数字乡村发展基础方面已取得阶段性成效，农村电商实现跨越式发展，农业农村信息化发展总体水平有了较为明显的提升。

一　农业农村信息化投入和总体发展水平明显提升

自《数字乡村发展战略纲要》颁布实施以来，农业农村部和北京大学分别以县域为单位对农业农村的信息化建设和数字化发展水平展开全国性追踪调查和评估。尽管两者在调查方法和评价指标体系上存在差异，[①] 在调查结果上却形成了较为一致的判断，即中国的数字乡村建设虽处于起步阶段，但信息化发展水平有了较为明显的提升。农业农村部的调查数据显示，2018~2020 年，综合反映农业农村生产、经

---

① 农业农村部的县域农业农村信息化发展水平评价指标体系包含发展环境、基础支撑、信息消费、生产信息化、经营信息化、乡村治理信息化和服务信息化 7 个一级指标，13 个二级指标，13 个三级指标；数据来源为各县（市、区）农业部门自主上报数据。北京大学的县域数字乡村指数包含乡村数字基础设施、乡村经济、乡村治理和乡村生活数字化水平 4 个一级指标，12 个二级指标和 29 个三级指标，数据来源为互联网平台相关业务数据和政府或学术机构公开数据。两个评价体系在不同年份均对评价指标略有调整。

营、治理、信息服务以及基础设施和发展环境总体状况的农业农村信息化发展总体水平从 33% 提高到 37.9%，提升近 5 个百分点。[①②] 而北京大学的调查数据显示，综合反映乡村数字基础设施、乡村经济、乡村治理和乡村生活数字化水平的全国县域数字乡村指数水平由 2018 年的 49.8 上升至 2020 年的 55.73，提升 5.93（见图 8-2）。[③④]

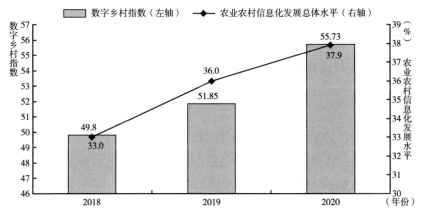

图 8-2　2018～2020 年农业农村信息化发展水平与数字乡村指数

资料来源：农业农村部信息中心、北京大学新农村发展研究院。

农业农村数字化总体水平的提升离不开信息化投入的资金支持。从农业农村信息化建设的投入水平看，自 2018 年实施数字乡村战略

①　农业农村部信息中心：《2019 全国县域数字农业农村发展水平评价报告》［R/OL］，［2019-4］，http：//www. agri. cn/zt/sznync/sjbg/201904/P020231106396979969596. pdf。

②　农业农村部市场与信息化司、农业农村部信息中心：《2021 全国县域农业农村信息化发展水平评价报告》［R/OL］，［2021-12］，http：//www. moa. gov. cn/xw/zwdt/202112/W020211221365374930266. pdf。

③　北京大学新农村发展研究院数字乡村项目组：《县域数字乡村指数（2018）研究报告》［R/OL］，［2020-9］，https：//www. saas. pku. edu. cn/docs/2020-09/20200929171934282586. pdf。

④　北京大学新农村发展研究院数字乡村项目组：《县域数字乡村指数（2020）研究报告》［R/OL］，［2022-5］，https：//www. ccap. pku. edu. cn/nrdi/docs/2022-05/20220530144658673576. pdf。

以来，农业农村信息化建设的财政和社会资本投入规模均呈现较大幅度的增长态势。农业农村部的追踪调查发现，2018~2020 年，全国县域信息化建设的财政投入规模从 177 亿元增加至 371 亿元，增长了1.1 倍；同期，全国农林水事务的财政支出从 2.11 万亿元增加至2.39 万亿元，增长 13.3%，信息化建设投入占农林水支出比重从0.8%提高到 1.6%。从社会资本投入看，2019~2020 年，社会资本投入规模从 591 亿元增加至 880 亿元，增长 48.9%。[1][2]

二　农村信息化基础设施显著改善

自《全国农业农村信息化发展"十二五"规划》制定实施以来，农业农村信息化建设，特别是信息化基础设施建设的力度不断增强。在一系列重点工程和试点示范项目的有力推动下，农村通信网络、信息服务和电商服务站点、物流支撑等基础设施建设取得了重大进展（见表 8-1）。

表 8-1　农业农村信息化与数字化建设（部分）重点工程及成效

启动年份	重点工程(试点示范)名称	实施成效（截至 2020 年）
2014	信息进村入户工程	建成运营益农信息社 45.4 万个,覆盖全国 89.2%的行政村
2014	电子商务进农村综合示范	覆盖全国 1338 个县（832 个国家级贫困县全覆盖）；经示范项目建成村级电商服务站点 13.7 万个,占全国已建成电商服务站点（40.1 万个）的 1/3

---

① 全国县域农业农村信息化建设的财政投入和社会资本投入规模根据被纳入调查的样本县投入总额和样本县占全国县市区比例推算得出，2018、2019 和 2020 年，被纳入调查的样本县的比例分别为 73%、81%和 92%。

② 农业农村部市场与信息化司、农业农村部信息中心：《2020 全国县域数字农业农村发展水平评价报告》　［R/OL］，　［2020-11］，https：//mari. hzau. edu. cn/National_ county_ digital_ agriculture_ and_ rural_ development_ level. pdf。

启动年份	重点工程(试点示范)名称	实施成效(截至2020年)
2015	电信普遍服务试点	组织实施6批试点,支持农村及偏远地区约13万个行政村通光纤和6万个4G基站建设,其中1/3部署在贫困地区
2016	"互联网+"现代农业三年行动	建设9个农业物联网示范省、100个数字农业试点项目,认定全国农业农村信息化示范基地210个
2018	国家农产品追溯平台建设	与28个省级农产品质量安全追溯平台和农垦行业平台实现对接,有1472个产品种类在国家追溯平台开展追溯
2018	农村"雪亮工程"	覆盖全国77%的行政村
2019	"互联网+"农产品出村进城工程	选择110个县(市、区)开展试点,整合农村服务站点资源,培育农产品县级集配中心,完善县乡村三级物流体系
2020	国家数字乡村试点	确定117个县(市、区)为试点地区(含27个已摘帽国家级贫困县),在7个方面先行先试,为全面推进数字乡村建设探索有益经验

资料来源:作者根据公开资料整理。

　　以通信网络为例,2015年以来国家加大对电信普遍服务的财政支持力度和完善市场化运作机制,由中央财政投入220亿元支持农村及偏远地区13万个行政村通光纤和6万个4G基站建设。截至2021年底,行政村、贫困村、"三区三州"深度贫困地区通宽带比例分别从2015年的不足70%、62%、26%全部提升到100%,农村光纤平均下载速率超过100Mbps;不仅全面实现了"村村通宽带",而且基本与城市"同网同速"。[①] 2014年国家启动电子商务进农村综合示范项

[①]《全面实现"村村通宽带"新闻发布会实录》[EB/OL],[2021-12-30].新浪网,https://finance.sina.cn/2021-12-30/detail-ikyakumx7323168.d.html。

目，支持全国 1338 个县（含 832 个国家级贫困县）建成 13.7 万个村级电商服务站，显著提升了农村电商服务站点在农村，尤其是贫困地区农村的覆盖率。2016～2020 年，电商服务站点的行政村覆盖率由 25.1%[①]提高至 78.9%，增幅超过 50 个百分点。上述建设成果不仅为乡村的数字化转型和全面振兴奠定了必要的设施基础和服务支撑，也显著缩小了区域、城乡之间在信息化基础设施方面的差距。

三 农村电商实现跨越式发展

随着通信网络、电商服务、物流配送等基础设施的不断普及与完善，农村电商在过去十年实现了跨越式发展。据阿里研究院统计，反映农村电商集群化发展水平的淘宝村[②]数量由 2009 年的 3 家迅猛增长至 2022 年的 7780 家，13 年间增长了 2592 倍；淘宝村的分布范围也从最初的浙江、江苏、河北三省扩大至全国 28 个省区市。尽管 90% 以上的淘宝村仍然分布在东部沿海省份，但中、西部地区在淘宝村的数量和增速上均呈现较强的增长势头。[③] 2014～2020 年，国家级贫困县的淘宝村数量由 4 家增加至 119 家，增长了近 30 倍（见图 8-3）。[④] 农村电商的迅速发展在促进农民创业、就业、增收以及农村城镇化发展等方面均发挥了十分积极的作用。据阿里研究院测算，2020 年淘宝村和淘宝镇网店年交易额超过 1 万亿元，活跃网店 296

[①] 国家统计局：《第三次全国农业普查主要数据公报（第三号）》［EB/OL］，［2023-2］，https://www.stats.gov.cn/sj/tjgb/nypcgb/qgnypcgb/202302/t20230206_1902103.html。

[②] 根据阿里研究院制定的标准，电子商务年销售额达到 1000 万元，本村活跃网店数量达到 100 家或占当地家庭户数的 10% 的行政村，就可以认定为"淘宝村"。

[③] 阿里研究院：《2021 年淘宝村名单出炉 全国淘宝村数量已突破 7000》［R/OL］，［2021-10-12］，http://www.aliresearch.com/ch/information/informationdetails?articleCode=256317657652006912&amp；type=新闻。

[④] 阿里研究院：《2020 中国淘宝村研究报告》［R/OL］，［2020-10］.http://www.aliresearch.com/ch/information/informationdetails? articleCode=126860487966199808。

万个，创造了 828 万个就业机会。有关部门的统计数据显示，2020
年农村网络零售额达 1.79 万亿元，占全国网络零售额的比重超过
15%。同期全国农产品网络零售额达 5758.8 亿元，比 2015 年增长
2.8 倍。①

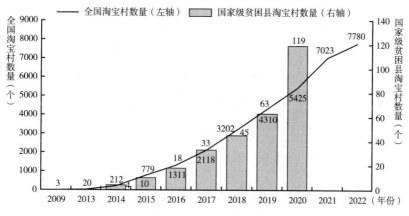

图 8-3　全国淘宝村和国家级贫困县淘宝村数量

资料来源：阿里研究院。

四　乡村治理数字化水平明显提升

综合农业农村部和北京大学的追踪调查发现，数字乡村战略实施
以来，乡村治理的数字化水平有了较为明显的提升。农业农村部的调
查显示，2019～2020 年，运用视频监控联网技术加强农村治安防控的
"雪亮工程"的行政村覆盖率由 66.7%提高至 77%；应用信息技术实
现农村基层党务、村务、财务"三公开"的行政村比例由 63.1%提
高至 72.1%；包括社会保险、新型农村合作医疗、婚育登记、劳动
就业、社会救助、农用地审批和涉农补贴等在内的县域政务服务在线

---

① 《农业农村部关于印发〈"十四五"全国农业农村信息化发展规划〉的通知》[EB/
OL]，[2022-3-9]. http://www.moa.gov.cn/govpublic/SCYJJXXS/202203/t202203
09_ 6391175.htm。

办事率由 25.4% 提升至 66.4%。三项指标的增幅均接近或超过 10 个百分点，其中政府服务在线办事率的增幅超过 40 个百分点。北京大学的调查也发现，随着电信村村享、阿里乡村钉、腾讯为村等乡村数字化治理平台的推广应用，乡村基层党建、政务服务、村务管理等方面的数字化水平加快提升。与 2019 年相比，2020 年数字乡村总指数均值增长 5.6%，而其四个分项指标，乡村数字基础设施指数、经济数字化指数、治理数字化指数和生活数字化指数均值分别增长 4.9%、3.5%、15.2% 和 4.6%，治理数字化水平的增幅最大。基于这一原因，截至 2020 年，治理数字化水平在四个分项指标中的位次已跃居第二位，仅次于数字基础设施水平。

第三节　数字乡村建设的现实挑战

数字乡村战略实施近 5 年来，数字乡村发展具备了良好的政策环境与基础设施支撑，农村电商实现跨越式发展、乡村治理数字化水平明显提升。同时也要看到，数字乡村发展仍存在明显的结构性失衡特征，农业农村信息化投入水平以及支持农业农村数字化转型的要素支撑仍然薄弱。这些问题与挑战不仅关乎数字乡村建设的质量，更关系到农业农村全面发展和区域城乡协调发展的建设目标能否顺利推进和实现，因此应当成为下一阶段数字乡村建设政策应对和着力的重点。

一　数字乡村发展不平衡格局突出

农业农村部和北京大学的追踪调查表明，尽管农业农村信息化发展总体水平有明显提升，但数字化发展在不同区域和数字化发展的不同领域之间均存在明显的结构性失衡特征。根据农业农村部的评估，2018~2020 年全国县域农业农村信息化发展总体水平由 33.0% 上升至 37.9%，其中，东、中、西部地区的平均水平分别由 36.0%、33.0%和 30.0%上升至 41.0%、40.8%和 34.1%；东、西部地区的水平差距由 6 个百分点拉大至近 7 个百分点。而北京大学的评价结果显示，同期全国县域数字乡村指数由 49.8 上升至 55.7，其中，东、中、西部和东北地区的指数水平分别由 59.1、56.6、42.2 和 43.7 上升至 67.7、60.7、47.9 和 45.6，东、西部地区的水平差距由 16.9 拉大至 19.8（见图 8-4）。综合来看，尽管三年来农业农村信息化发展总体水平有明显提升，但由东向西逐步降低的趋势也十分明显。而且东部地区信息化水平的提升幅度高于西部地区，导致农业农村信息化发展水平的东、西部差距存在进一步拉大的风险。

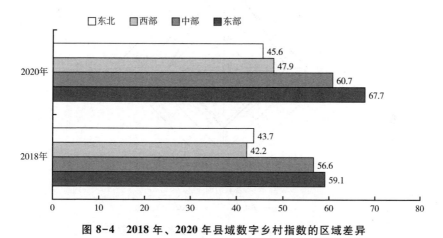

图 8-4　2018 年、2020 年县域数字乡村指数的区域差异

注：东、中、西部和东北地区划分方法参照国家统计局。

资料来源：北京大学新农村发展研究院。

除显著的区域差异外，数字乡村发展的不平衡性还体现在不同领域数字化水平的差异上；与其他领域的数字化进展相比，农村生产的数字化水平明显滞后。北京大学的调查发现，在基础设施、乡村经济、乡村治理和乡村生活数字化四个方面，乡村数字基础设施发展水平显著高于其他三个方面，其 2018 年的指数水平达 70.9，较为充分地反映了"十二五"以来国家在农村网络基础设施和信息服务设施等方面的建设成效；而乡村经济的数字化水平最低，指数水平仅为40.3，比基础设施水平低了30.6个点。纵向比较可以看出，2018~2020年，基础设施、乡村经济、乡村治理和乡村生活数字化指数分别由70.9、40.3、42.7和45.2上升至77.6、47.1、48.5和48.2。在四个分项指数中，经济数字化水平仍然最低，与基础设施数字化水平的差距仍保持在30个点左右（见图8-5）。

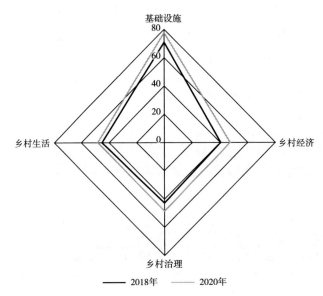

图 8-5　2018 年、2020 年县域数字乡村分项指数间差异

资料来源：北京大学新农村发展研究院。

比较 2019 年和 2020 年的同口径数据可以发现，在四个分项指数中，乡村治理数字化的增幅最高，达 15.2%；而乡村经济数字化的增幅最低，仅为 3.5%。农业农村部的调查结果也印证了北京大学的发现，即农业生产的信息化水平不仅显著低于农业农村信息化发展的总体水平，而且在增幅上呈现落后态势。2018~2020 年，农业农村信息化总体水平由 33% 上升至 37.9%，增幅接近 5 个百分点；而同期农业生产的信息化水平由 18.6% 上升至 22.5%，增幅仅为 3.9 个百分点。

二　城乡"数字应用鸿沟"仍然突出

城乡"数字鸿沟"明显缩小是《数字乡村发展战略纲要》设定的拟于 2025 年实现的阶段性目标。一般认为，"数字鸿沟"主要指不同社会群体在互联网可及和使用上的差异。随着网络和信息基础设施的不断普及，由互联网应用能力差异所造成的互联网红利差距开始代替早期的接入鸿沟，成为数字鸿沟的新形态。诸多数据表明，中国在填平城乡接入鸿沟上已走在世界前列，但在运用互联网技术获取互联网红利方面仍存在较大的城乡差距。[①]

如前文所述，随着农村特别是贫困地区网络和信息基础设施建设力度的不断加大，农村和城市在光纤和 4G 网络方面已同步实现 98% 以上的覆盖率。农村地区的互联网普及率显著提升，与城市差距进一步缩小。2015~2020 年，中国城镇网民数量由 4.93 亿人上升至 6.80 亿人，增长 37.9%；农村网民数量由 1.95 亿人上升至 3.09 亿人，增长 58.5%。城镇地区互联网普及率由 65.8% 上升至 79.8%；农村地区互联网普及率由 31.6% 上升至 55.9%；城乡差距由 34.2 个百分点下降至 23.9 个百分点，缩小了 10.3 个百分点。[②]

比较而言，城乡居民在数字素养和互联网获益能力方面的差距仍然较为突出。中国社会科学院 2021 年开展的一项关于中国乡村数字素养调查结果显示，受访者数字素养平均得分 43.6 分，其中城市居民平均得分 56.3 分，农村居民平均得分 35.1 分，城乡居民数字素养

---

① 邱泽奇、张樹沁、刘世定、许英康：《从数字鸿沟到红利差异——互联网资本的视角》，《中国社会科学》2016 年第 10 期，第 93~115、203~204 页。

② 中国互联网络信息中心：《第 47 次〈中国互联网络发展状况统计报告〉》[R/OL]，[2021-2-3]，http://www.gov.cn/xinwen/2021-02/03/5584518/files/bd16adb 558714132a829f43915bc1c9e.pdf。

平均得分差距高达 21.2 分，农村居民的数字素养比城市居民低了 37.5%。其中，农民的数字素养得分仅为 18.6 分，是所有职业群体平均水平的 43%（见图 8-6）。具体来看，农民在电脑使用、电脑工具价值开发和数字化增收能力方面的差距尤为突出，仅为所有职业群体平均水平的 21%、14% 和 28%。[①] 宏观方面的数据也支撑了上述判断。近年来，尽管对农村电商的政策支持力度不断加大，网络零售额也呈现较高增长态势，但其增幅仍低于全国总体水平。商务部的公开数据显示，2016~2020 年全国网络零售交易额从 5.16 万亿元增加到 11.76 万亿元，增长 1.28 倍；同期全国农村网络零售额从 0.89 万亿元增加到 1.79 万亿元，增长 1.01 倍，后者占前者的比重从 17.2% 下降至 15.2%，降低了 2 个百分点。

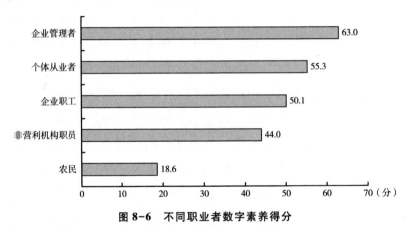

图 8-6　不同职业者数字素养得分

资料来源：中国社会科学院信息化研究中心。

三　农业农村信息化建设总体投入仍然不足

尽管从纵向看，自乡村振兴战略实施以来农业农村信息化建设的

---

① 中国社会科学院信息化研究中心：《乡村振兴战略背景下中国乡村数字素养调查分析报告》 [R/OL]，[2021-3]，http://iqte.cssn.cn/yjjg/fstyjzx/xxhyjzx/xsdt/202103/P020210311318247184884.pdf。

财政和社会资本投入均有较大规模增长，但从横向比较来看，农业农村信息化投入水平还远远低于其他经济社会领域。第四次全国经济普查结果显示，2018 年全国 98.5 万家规上企业信息化投入总额达 6534 亿元，①而 2019 年和 2020 年农业农村的信息化财政和社会资本投入的总和分别为 815 亿元和 1251 亿元，前者分别是后者的 8.0 倍和 5.2 倍。

从数字技术对三大产业的渗透率角度看，"十三五"时期，数字技术对第一产业的渗透率从 6.2% 提高到 8.9%，仅提升 2.7 个百分点；而同期数字技术对第二和第三产业的渗透率则分别从 16.8% 和 29.6% 提高到 21% 和 40.7%，分别提升 4.2 个和 11.1 个百分点，数字技术在第一产业的投入水平远远落后于二三产业（见图 8-7）。

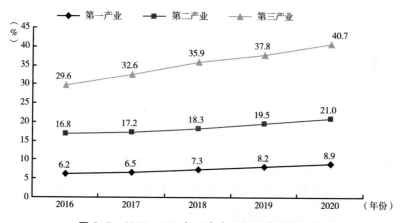

图 8-7 2016~2020 年三次产业数字技术渗透率

资料来源：中国信息通信研究院。

---

① 国家统计局：《我国企业信息化水平持续提升——第四次全国经济普查系列报告之四》［R/OL］，［2019－12－5］，http://www.stats.gov.cn/tjsj/zxfb/201912/t20191205_1715468.html。

从国际比较来看，尽管中国在数字经济的总体规模上已位居世界第二，但从数字技术在第一产业的渗透率来看，还与经济发达国家有较大差距。2020年，中国数字技术对第一产业的渗透率为8.9%，虽然比发展中国家平均水平（6.4%）高出2.5个百分点，但与发达国家14%的平均水平相比还有较大差距，与排名靠前的英国（29.9%）、德国（24.8%）和韩国（17.4%）等国家相比，还存在10~20个百分点的差距。[①]

四 数字乡村发展要素支撑较为薄弱

强化科技创新供给和激发乡村内生动力不仅是《数字乡村发展战略纲要》部署的两大重点任务，也是推动数字乡村发展，特别是乡村产业振兴的关键要素支撑（见图8-1）。但从数字乡村发展的内生动力来看，老龄化、低学历的劳动力特征，以及以小农户为主的生产经营模式，难以对产业集约化、信息化和现代化发展形成有效支撑。随着城市化进程的持续推进以及近年来数字经济的快速发展，农村中年轻和高学历劳动力不断向城市转移，农村产业发展特别是产业的数字化转型失去了重要的劳动力和人才支撑。全国第三次农业普查数据表明，2016年，从事农业生产经营的人口中35岁及以下人口占比仅为19.2%，高中及以上学历人口占比仅为8.3%。从纵向变化看，伴随农村人口的不断减少，农村居民的受教育程度呈现停滞不前的特征。《中国农村统计年鉴》显示，2013~2020年，农村居民家庭户主中有高中及以上学历者的占比由12.1%仅上升至13%，8年上升不到1个百分点。比较全国第一、二次农业普查数据发现，1996~2006年，全国农村农民科技人员的数量从271.7万

---

① 中国信息通信研究院：《中国数字经济发展白皮书（2020年）》［R/OL］，［2020-7］，http://www.caict.ac.cn/kxyj/qwfb/bps/202007/P02020070331825663 7020.pdf。

人下降至 207 万人，占全国从事农业劳动的人员总数比重也由 0.64% 下降至 0.59%。此外，在"大国小农"的基本国情下，全国 98% 以上的农业经营主体为小农户，户均经营规模仅为 7.8 亩，从事规模经营的农户比重不到 2%，农村土地规模化经营比重偏低的格局难以在短时期内改变。①

从数字乡村发展的外部要素供给看，资金、技术及人才等农村自身较为匮乏的生产要素的外部供给仍然较为薄弱。据农业农村部的调查，2019~2020 年，农业农村信息化建设的财政投入规模从 225 亿元增加到 371 亿元，增长 64.9%；而同期社会资本投入规模从 591 亿元增加至 880 亿元，增长 48.9%；后者虽然在投入规模上高于财政投入，在增幅上却比前者低了 16 个百分点，表明财政投入对社会资本的带动作用较为有限。从科技创新供给方面看，农业科技服务有效供给不足、供需对接不畅问题十分突出，信息技术在促进农村科技推广和服务供给方面的优势尚未充分发挥。中国人民大学 2018 年开展的"全国新型农业经营主体发展指数调查"发现，有 35.16% 的普通农户、50.13% 的家庭农场、44.81% 的专业大户都认为存在农业技术问题，但是只有 3.88% 的农户、33.51% 的家庭农场、28.57% 的专业大户接受或购买过农业生产技术推广和培训服务。② 而在农业生产信息化方面，不仅技术层面还停留在一般性、单一技术的简单应用阶段，其在农村的普及程度也较低，"很多县（市、区）的应用还基本处于空白状态。"在农业农村发展的科技人才支撑方面，县乡两级农业服务和技术推广机构人员不足、知识老化问题较为突出，严重削弱了基层农技推广机构的履职能力。

---

① 新华社：《全国 98% 以上的农业经营主体仍是小农户》[N/OL]，[2019-3-1]，http://www.gov.cn/xinwen/2019-03/01/content_5369755.htm。

② 许竹青、刘冬梅：《以数字农业加快新型农业科技服务体系构建》，《科技中国》2021 年第 3 期，第 51~53 页。

第四节　高质量推进数字乡村建设的对策建议

上述分析表明，尽管数字乡村建设以推动农业农村全面协调可持续发展、区域协同和城乡融合发展为目标，但截至"十三五"末，农业农村数字化转型仍呈现明显的结构性失衡特征：农村基础设施和基层治理的数字化水平显著提升，但生产数字化水平明显落后，且进展缓慢；农业农村数字化水平的东西部差距存在进一步拉大风险，城乡"数字应用鸿沟"还十分突出。与其他经济部门相比，农业农村的信息化投入水平与要素支撑仍然非常薄弱，这将严重制约数字乡村建设质量和发展水平。我们认为，下一阶段的政策应对和支持重点应聚焦财政支出结构和效率、数字应用能力以及政策统筹力度等方面，为全面协调可持续推进数字乡村建设提供更具针对性和有效性的政策支撑。

一　优化财政支出结构，提升财政资金使用效率

要改变投入不足与结构失衡并存的现状，一方面应加大中央财政在信息化和数字乡村建设方面的转移支付力度，强化对西部和落后地区农业农村信息化建设的支持；另一方面应在继续加大财政涉农资金和建设项目统筹力度的基础上提高信息化建设的支出比重，同时充分整合利用农村已有信息化基础设施和资源，避免"另起炉灶"式的重复性建设和资源浪费，加大财政资金向信息化倾斜的力度和提高投入产出效益。

二　调整建设支持重点，提升农业农村数字应用能力

基于城乡数字接入鸿沟明显缩小，但农民数字素养低下、农村生

产生活领域的数字应用水平滞后的现状，各级政府，特别是数字化进程较快的东部省份应适当调整数字乡村建设的支持重点，着力提升数字技术在农村生产生活和公共服务领域的应用水平。国家除在农业关键核心科技研发和战略布局等方面发挥"国家队"应有作用外，还应当充分发挥信息技术和大数据中心在农业技术集成、示范和推广方面的优势和潜力，加大农业科技服务的有效供给力度，打造全国性的农业科技教育和技术推广公益云平台。在基层，则应加大益农信息社、农技站等服务机构的人员和资源整合力度，切实提升其提供公益服务、便民服务、技术推广、电子商务和培训体验等方面的综合服务能力，真正打通农村信息与科技服务的"最后一公里"。

三　构建长效利益联结机制，激发乡村发展内生动力

从乡村产业振兴的内生动力看，以低学历小农户为主的生产经营模式是当前制约农业集约化、信息化和现代化发展的主要障碍。要从内部实现突破，一方面要加大对职业农民、专业合作社、集体经济组织等农村新型经营主体的培育和支持力度，充分发挥其在农村要素资源集聚同外部产业资本和技术资源对接等方面的桥梁作用；另一方面应鼓励探索和构建农民与产业化经营主体的长效利益联结机制，支持农民以土地或资金入股等方式参与产业化经营，增加资产性收益来源，进而提高对土地流转和规模化经营的积极性。

四　加强政策统筹力度，激发外部要素供给积极性

要进一步激发民间资本、技术和人才的积极性，增加数字乡村建设的外部要素供给，还需要在产业、金融、税收、土地、人才、创新政策和营商环境等方面加大对民间资本和社会化服务组织的政策支持和统筹力度，形成能有效激发农村产业投资与信息科技和人才供给的政策合力。应充分发挥各类农业园区和农村创业创新平台的资源集聚

与优惠政策叠加效应，以及乡村产业投资基金的引导作用，推动政产学研要素集聚、探索构建多元化的利益共享、协同创新机制。充分发挥数字金融在推进农村社会信用评价方面的优势，构建多层次农村金融服务体系，加大社会资本投资农业农村的金融支持力度。

附 录
2005～2022年农业农村数字化建设
相关政策文件一览表

政策领域	序号	文件标题	发文部门	发文时间
农业农村数字化总体性文件	1	农业部关于开展全国农村信息化示范工作的通知	农业部	2007年4月
	2	农业部关于印发《全国农业和农村信息化建设总体框架（2007-2015）》的通知	农业部	2007年11月
	3	农业部关于加快推进农村信息化示范工作的意见	农业部	2008年4月
	4	全国农业农村信息化发展"十二五"规划	农业部	2011年11月
	5	农业部关于印发《全国农业农村信息化示范基地认定办法（试行）》的通知	农业部	2013年2月
	6	农业部关于推进农业农村大数据发展的实施意见	农业部	2015年12月
	7	农业部关于推进农业农村大数据发展的实施意见	农业部	2015年12月
	8	农业部办公厅关于申报大数据领域创新能力建设专项和"互联网+"领域创新能力建设专项的通知	农业部办公厅	2016年9月
	9	农业部办公厅关于印发《农业农村大数据试点方案》的通知	农业部办公厅	2016年10月
	10	农业部办公厅关于印发2017年农业信息化工作要点的通知	农业部办公厅	2017年2月
	11	农业部办公厅关于征集农业农村大数据实践案例的通知	农业部办公厅	2017年8月

续表

政策领域	序号	文件标题	发文部门	发文时间
农业农村数字化总体性文件	12	农业部办公厅关于公布农业农村大数据实践案例的通知	农业部办公厅	2017年11月
	13	农业部办公厅关于印发《2018年农业部网络安全与信息化工作要点》的通知	农业部办公厅	2018年3月
	14	农业农村部办公厅关于开展2015年度全国农业农村信息化示范基地评估工作的通知	农业农村部办公厅	2018年9月
	15	中共中央办公厅 国务院办公厅印发《数字乡村发展战略纲要》	中共中央办公厅 国务院办公厅	2019年5月
	16	农业农村部 中央网络安全和信息化委员会办公室关于印发《数字农业农村发展规划（2019-2025年）》的通知	农业农村部 中央网信办	2019年12月
	17	农业农村部办公厅关于印发《2020年农业农村部网络安全和信息化工作要点》的通知	农业农村部办公厅	2020年5月
	18	农业农村部关于印发《全国农业农村信息化示范基地认定办法（修订）》的通知	农业农村部	2021年2月
	19	农业农村部办公厅关于申报2021年度全国农业农村信息化示范基地的通知	农业农村部办公厅	2021年3月
	20	农业农村部关于认定2021年度农业农村信息化示范基地的通知	农业农村部	2021年9月
	21	农业农村部关于印发《"十四五"全国农业农村信息化发展规划》的通知	农业农村部	2022年2月
乡村数字治理	22	农业部办公厅关于发布《渔船动态监管信息系统平台技术规范（试行）》的通知	农业部办公厅	2010年8月
	23	农业部关于印发《农业应急管理信息化建设总体规划（2014-2017年）》的通知	农业部	2014年1月
	24	农业部办公厅关于印发《兽医卫生信息化技术规范代码规范（试行）》等4个技术规范的通知	农业部办公厅	2014年12月
	25	农业部关于印发《关于加快推进"互联网+农业政务服务"工作方案》的通知	农业部	2017年1月
	26	农业农村部关于全面推广应用国家农产品质量安全追溯管理信息平台的通知	农业农村部	2018年9月

政策领域	序号	文件标题	发文部门	发文时间
网络扶贫	27	工业和信息化部印发《关于推进网络扶贫的实施方案(2018-2020 年)》的通知	工业和信息化部	2018 年 5 月
	28	工业和信息化部 国务院扶贫办关于持续加大网络精准扶贫工作力度的通知	工业和信息化部 国务院扶贫办	2018 年 10 月
信息惠民服务	29	国务院办公厅关于农村中小学现代远程教育工程总体实施方案的复函	国务院办公厅	2004 年 12 月
	30	农业部办公厅关于开展全国农垦百家基层医院数字化扶持工程项目申报工作的通知	农业部办公厅	2009 年 12 月
农业农村科技创新供给	31	农业部办公厅关于印发《国家农业科技服务云平台建设工作方案(试行)》的通知	农业部办公厅	2015 年 5 月
	32	农业部办公厅关于进一步做好"国家农业科技服务云平台"建设工作有关事项的通知	农业部办公厅	2015 年 9 月
	33	农业农村部关于部直属单位(含教育部部属高校)2019 年数字农业建设试点项目的公示	农业农村部	2019 年 3 月
智慧绿色乡村	34	农业部关于加强草原防火信息化建设的意见	农业部	2011 年 9 月
农村信息基础设施建设	35	关于开展三电合一农业信息服务试点工作的通知	农业部	2005 年 4 月
	36	农业部办公厅关于印发社会主义新农村建设示范村(场)信息服务站建设方案的通知	农业部办公厅	2006 年 9 月
	37	农业部关于下达 2007 年三电合一农业信息服务试点项目资金的通知	农业部	2007 年 6 月
	38	农业部办公厅关于印发《"三电合一"农业信息服务试点项目验收暂行办法》的通知	农业部办公厅	2007 年 3 月
	39	农业部办公厅关于印发《农业信息服务"三电合一"工程"十一五"建设规划》的通知	农业部办公厅	2007 年 9 月
	40	农业部关于印发《"三电合一"农业信息服务试点项目资金管理暂行办法》的通知	农业部	2008 年 3 月
	41	农业部办公厅关于开展农民专业合作社经营管理等信息系统应用示范的通知	农业部办公厅	2012 年 8 月
	42	关于印发《农业物联网区域试验工程工作方案》的通知	农业部	2013 年 4 月

政策领域	序号	文件标题	发文部门	发文时间
农村信息基础设施建设	43	农业部办公厅关于建立全国农产品市场公共信息服务平台的通知	农业部办公厅	2013年11月
	44	农业部办公厅关于组织开展国家兽药产品追溯信息系统试点工作的通知	农业部办公厅	2014年2月
	45	关于组织实施"宽带乡村"试点工程(一期)的通知	国家发展改革委办公厅 财政部办公厅 工业和信息化部办公厅	2014年6月
	46	农业部办公厅关于征集节本增效农业物联网应用模式的通知	农业部办公厅	2015年4月
	47	农业部办公厅关于推荐116项节本增效农业物联网应用模式的通知	农业部办公厅	2015年9月
	48	农业部办公厅关于做好节本增效农业物联网应用模式推介工作的通知	农业部办公厅	2015年9月
	49	农业部关于开展农民手机应用技能培训 提升信息化能力的通知	农业部	2015年10月
	50	农业部办公厅关于启用全国农业科教云平台的通知	农业部办公厅	2017年8月
	51	农业农村部办公厅关于利用全国农业远程教育平台开展2019年农业科技人员知识更新培训的通知	农业农村部办公厅	2019年4月
	52	国家广播电视总局印发《关于推进智慧广电乡村工程建设的指导意见》的通知	广电总局	2022年1月
发展农村数字经济	53	农业部关于进一步加强农业信息化建设的意见	农业部	2006年10月
	54	全国农垦信息化建设第十一个五年规划(2006-2010年)	农业部农垦局	2006年11月
	55	国务院办公厅转发交通运输部等部门关于推动农村邮政物流发展意见的通知	国务院办公厅	2009年5月
	56	财政部关于印发《新农村现代流通服务网络工程专项资金管理办法》的通知	财政部	2009年9月

政策领域	序号	文件标题	发文部门	发文时间
	57	农业部办公厅关于推进农村经营管理信息化建设的意见	农业部办公厅	2012 年 5 月
	58	农业部关于印发《全国农村经营管理信息化发展规划（2013-2020 年）》的通知	农业部	2012 年 12 月
	59	农业部办公厅关于开展国有农场信息化试点工作的通知	农业部办公厅	2013 年 4 月
	60	农业部关于加快推进农业信息化的意见	农业部	2013 年 4 月
	61	农业部办公厅关于建立全国农产品市场公共信息服务平台的通知	农业部办公厅	2013 年 11 月
	62	交通运输部 农业部 供销合作总社 邮政局关于协同推进农村物流健康发展　加快服务农业现代化的若干意见	交通运输部 农业部 供销合作总社 邮政局	2015 年 2 月
	63	农业部 国家发展和改革委员会 商务部关于印发《推进农业电子商务发展行动计划》的通知	农业部 发改委 商务部	2015 年 9 月
发展农村数字经济	64	农业部办公厅关于组织开展农业电子商务"平台对接"专项行动的通知	农业部办公厅	2015 年 10 月
	65	国务院办公厅关于促进农村电子商务加快发展的指导意见	国务院办公厅	2015 年 10 月
	66	农业部办公厅关于印发《农业电子商务试点方案》的通知	农业部办公厅	2016 年 1 月
	67	关于印发《"互联网+"现代农业三年行动实施方案》的通知	农业部等 8 部门	2016 年 4 月
	68	农业部办公厅关于征集"互联网+"现代农业百佳实践案例及新农民创业创新百佳成果的通知	农业部办公厅	2016 年 7 月
	69	农业部办公厅关于公布全国"互联网+"现代农业百佳实践案例和新农民创业创新百佳成果的通知	农业部办公厅	2016 年 8 月
	70	农业部办公厅关于加快推进渔业信息化建设的意见	农业部办公厅	2016 年 12 月
	71	农业部办公厅关于做好 2017 年数字农业建设试点项目前期工作的通知	农业部办公厅	2017 年 1 月

续表

政策领域	序号	文件标题	发文部门	发文时间
发展农村数字经济	72	农业部办公厅关于开展农业特色互联网小镇建设试点的指导意见	农业部办公厅	2017 年 10 月
	73	农业农村部办公厅关于征集农产品电商出村工程试点参与企业的公告	农业农村部办公厅	2018 年 5 月
	74	关于开展 2018 年电子商务进农村综合示范工作的通知	财政部办公厅 商务部办公厅 国务院扶贫办综合司	2018 年 5 月
	75	农业农村部关于全面推广应用国家农产品质量安全追溯管理信息平台的通知	农业农村部	2018 年 9 月
	76	关于开展 2019 年电子商务进农村综合示范工作的通知	财政部办公厅 商务部办公厅 国务院扶贫办综合司	2019 年 4 月
	77	国家邮政局 国家发展改革委 财政部 农业农村部 商务部 文化和旅游部 供销合作总社关于推进邮政业服务乡村振兴的意见	邮政局 发展改革委 财政部 农业农村部 商务部 文化和旅游部 供销合作总社	2019 年 4 月
	78	交通运输部 国家邮政局 中国邮政集团公司关于深化交通运输与邮政快递融合推进农村物流高质量发展的意见	交通运输部 邮政局 中国邮政集团公司	2019 年 8 月
	79	交通运输部办公厅关于深化交邮融合推广农村物流服务品牌的通知	交通运输部办公厅	2019 年 9 月
	80	农业农村部 国家发展改革委 财政部 商务部关于实施"互联网＋"农产品出村进城工程的指导意见	农业农村部 国家发展改革委 财政部 商务部	2019 年 12 月
	81	交通运输部办公厅关于印发《农村交通运输综合信息服务平台推广实施指南》的通知	交通运输部办公厅	2020 年 3 月
	82	农业农村部办公厅关于开展"互联网＋"农产品出村进城工程试点工作的通知	农业农村部办公厅	2020 年 5 月

政策领域	序号	文件标题	发文部门	发文时间
发展农村数字经济	83	关于做好 2020 年电子商务进农村综合示范工作的通知	财政部办公厅商务部办公厅国务院扶贫办综合司	2020 年5 月
	84	交通运输部办公厅关于公布首批农村物流服务品牌并组织开展第二批农村物流服务品牌申报工作的通知	交通运输部办公厅	2020 年6 月
	85	农业农村部办公厅关于公布"互联网+"农产品出村进城工程试点县名单的通知	农业农村部办公厅	2020 年8 月
	86	关于开展 2021 年电子商务进农村综合示范工作的通知	财政部办公厅商务部办公厅国家乡村振兴局综合司	2021 年5 月
	87	国务院办公厅关于加快农村寄递物流体系建设的意见	国务院办公厅	2021 年7 月
	88	农业农村部办公厅关于印发《农产品质量安全信息化追溯管理办法（试行）》及若干配套制度的通知	农业农村部办公厅	2021 年7 月

参考文献

蔡跃洲、张钧南：《信息通信技术对中国经济增长的替代效应与渗透效应》，《经济研究》2015 年第 12 期。

蔡跃洲、陈楠：《新技术革命下人工智能与高质量增长、高质量就业》，《数量经济技术经济研究》2019 年第 5 期。

蔡跃洲、牛新星：《中国数字经济增加值规模测算及结构分析》，《中国社会科学》2021 年第 11 期。

陈朝兵、赵阳光：《数字赋能如何推动农村公共服务高质量供给——基于四川省邛崃市陶坝村"为村"平台的案例研究》，《农业经济问题》2023 年第 12 期。

陈果静：《数字普惠金融有效服务农村》，《经济日报》2022 年12 月 5 日。

陈新：《注意力竞争与技术执行：数字化形式主义的反思及其超越》，《社会科学战线》2021 年第 8 期。

陈媛媛、游炯、幸泽峰等：《世界主要国家精准农业发展概况及对中国的发展建议》，《农业工程学报》2021 年第 11 期。

程名望、张家平：《互联网普及与城乡收入差距：理论与实证》，《中国农村经济》2019 年第 2 期。

崔凯、冯献：《我国农业农村信息化的阶段性特征与趋势研判》，《改革》2020 年第 6 期。

董磊明、欧阳杜菲：《从简约治理走向科层治理：乡村治理形态的嬗变》，《政治学研究》2023 年第 1 期。

丁兆威：《"雪亮工程"照亮平安乡村路》，《中国公共安全》2020 年第 Z2 期。

杜志雄、肖卫东、詹琳：《包容性增长理论的脉络，要义与政策内涵》，《中国农村经济》2010 年第 11 期。

方堃、李帆、金铭：《基于整体性治理的数字乡村公共服务体系研究》，《电子政务》2019 年第 11 期。

冯云、李梅、陆鑫：《湖州市南浔区推进医保服务下沉的实践与思考》，《中国医疗保险》2022 年第 3 期。

高晓雨：《2020 年二十国集团沙特会议关于数字经济测度议题的研究》，《中国信息化》2020 年第 12 期。

郭诚忠：《中国信息化的进程与展望》，《微型机与应用》1998 年第 7 期。

郭诚忠：《信息化往事之 1 中国信息化的历史回顾》，《中国信息界》2004 年第 18 期。

韩兆安、赵景峰、吴海珍：《中国省际数字经济规模测算、非均衡性与地区差异研究》，《数量经济技术经济研究》2021 年第 8 期。

何宗樾、张勋、万广华：《数字金融、数字鸿沟与多维贫困》，《统计研究》2020 年第 10 期。

侯鹏、杨楠：《网络公益振兴乡村体育教育的实践与思考》，《当代体育科技》2022 年第 32 期。

黄承伟：《共同富裕视野下乡村振兴理论研究前沿问题及发展方向》，《华中农业大学学报》（社会科学版）2022 年第 5 期。

黄季焜：《加快农村经济转型，促进农民增收和实现共同富裕》，《农业经济问题》2022 年第 7 期。

江小涓：《高度联通社会中的资源重组与服务业增长》，《经济研究》2017 年第 3 期。

姜靖、刘永功：《美国精准农业发展经验及对我国的启示》，《科学管理研究》2018 年第 5 期。

雷钦礼：《技术进步及其偏向生成机制与经济效应》，《中国科学报》2019 年 10 月 30 日。

李长江：《关于数字经济内涵的初步探讨》，《电子政务》2017 年第 9 期。

李利文：《乡村综合整治中的数字监管：以 D 村经验为例》，《电子政务》2020 年第 12 期。

李韬、冯贺霞、冯宇坤：《数字技术在健康贫困治理中的创新应用研究——以甘肃省临夏州数字健康扶贫实践为例》，《电子政务》2021 年第 9 期。

李翔、宗祖盼：《数字文化产业：一种乡村经济振兴的产业模式与路径》，《深圳大学学报》（人文社会科学版）2020 年第 2 期。

李小克、徐志鹏：《促进全要素生产率可持续增长》，《中国社会科学报》2023 年 12 月 5 日。

李燕凌、陈梦雅：《数字赋能如何促进乡村自主治理？——基于"映山红"计划的案例分析》，《南京农业大学学报》（社会科学版）2022 年第 3 期。

刘剑雄：《中国的政治锦标赛竞争研究》，《公共管理学报》2008 年第 3 期。

刘俊祥、曾森：《中国乡村数字治理的智理属性、顶层设计与探索实践》，《兰州大学学报》（社会科学版）2020 年第 1 期。

刘曦绯、高笑歌：《乡村数字治理如何跨越"表面数字化"陷阱——基于"公民即用户"视角的分析》，《领导科学》2021 年第 4 期。

刘艳红、吕鹏：《数字乡村建设的目标、成效与挑战》，《经济与管理》2022 年第 6 期。

陆杰华、郭荣荣：《乡村振兴战略下农村劳动力老化：发展趋势、机理分析与应对路径》，《中国农业大学学报》（社会科学版）2023 年第 4 期。

罗娟：《过程型逻辑：数字乡村建设背景下农村公共文化服务可及性的实现机制》，《农村经济》2022 年第 10 期。

吕光明、刘文慧：《移动支付、医疗基础设施与农村居民医疗服务利用》，《北京社会科学》2022 年第 4 期。

马丽、张国磊：《"互联网+"乡村治理的耦合、挑战与优化》，《电子政务》2020 年第 12 期。

马晔风、蔡跃洲：《数字经济新就业形态的规模估算与疫情影响研究》，《劳动经济研究》2021 年第 6 期。

莫怡青、李力行：《零工经济对创业的影响——以外卖平台的兴起为例》，《管理世界》2022 年第 2 期。

裴长洪、倪江飞、李越：《数字经济的政治经济学分析》，《财贸经济》2018 年第 9 期。

邱泽奇、张樹沁、刘世定、许英康：《从数字鸿沟到红利差异——互联网资本的视角》，《中国社会科学》2016 年第 10 期。

邱子迅、周亚虹：《电子商务对农村家庭增收作用的机制分析——基于需求与供给有效对接的微观检验》，《中国农村经济》2021 年第 4 期。

邵明华，刘鹏：《数字赋能农村公共文化服务高质量供给：价值意蕴、动力机制与路径创新》，《图书馆论坛》2023 年第 1 期。

沈费伟、陈晓玲：《保持乡村性：实现数字乡村治理特色的理论阐述》，《电子政务》2021 年第 3 期。

沈费伟、叶温馨：《数字乡村建设：实现高质量乡村振兴的策略选择》，《南京农业大学学报》（社会科学版）2021 年第 5 期。

孙九林、李灯华、许世卫等：《农业大数据与信息化基础设施发展战略研究》，《中国工程科学》2021 年第 4 期。

孙毅：《数字经济学》，机械工业出版社，2021。

汤资岚：《数字化转型下农村公共服务整体性供给：思路与进路》，《农林经济管理学报》2022 年第 1 期。

唐跃桓、杨其静、李秋芸等：《电子商务发展与农民增收——基于电子商务进农村综合示范政策的考察》，《中国农村经济》2020 年第 6 期。

完世伟、汤凯：《数字经济促进乡村产业振兴的机制与路径研究》，《中州学刊》2022 年第 3 期。

王定祥、冉希美：《农村数字化、人力资本与乡村产业融合发展——基于中国省域面板数据的经验证据》，《重庆大学学报》（社会科学版）2022 年第 2 期。

王浩宇、张云婷：《数字化赋能基础教育高质量发展：价值、诉求及路径》，《教师教育论坛》2023 年第 6 期。

王军、肖华堂：《数字经济发展缩小了城乡居民收入差距吗?》，《经济体制改革》2021 年第 6 期。

王军、朱杰、罗茜：《中国数字经济发展水平及演变测度》，《数量经济技术经济研究》2021 年第 7 期。

王胜、余娜、付锐：《数字乡村建设：作用机理、现实挑战与实施策略》，《改革》2021 年第 4 期。

王亚华、李星光：《数字技术赋能乡村治理的制度分析与理论启示》，《中国农村经济》2022 年第 8 期。

王永钦、董雯：《机器人的兴起如何影响中国劳动力市场？——来自制造业上市公司的证据》，《经济研究》2020 年第 10 期。

王越、费爱华：《从组织传播到大众传播：国家治理乡村社会的策略演进》，《南京社会科学》2012 年第 4 期。

温佳伟、黄金柏、徐乐：《日本精准农业发展现状与展望》，《中国农机化学报》2014年第2期。

巫丽君、刘祖云：《数字乡村的理论进展与研究进路》，《中共宁波市委党校学报》2022年第2期。

吴龙婷、隆捷、林媛：《我国农业信息化和农村信息服务体系建设历程》，《中国信息界》2004年第15期。

吴晓曦：《数字经济与乡村产业融合发展研究》，《西南金融》2021年第10期。

谢文帅、宋冬林、毕怡菲：《中国数字乡村建设：内在机理、衔接机制与实践路径》，《苏州大学学报》（哲学社会科学版）2022年第2期。

周宏仁主编《中国信息化形势分析与预测（2012）》，社会科学文献出版社，2012。

许宪春、张美慧：《中国数字经济规模测算研究——基于国际比较的视角》，《中国工业经济》2020年第5期。

许竹青、郑风田、陈洁：《"数字鸿沟"还是"信息红利"？信息的有效供给与农民的销售价格——一个微观角度的实证研究》，《经济学》（季刊）2013年第4期。

许竹青、刘冬梅：《以数字农业加快新型农业科技服务体系构建》，《科技中国》2021年第3期。

叶初升、张凤华：《发展经济学视野中的包容性增长》，《光明日报》2011年3月18日。

杨梦洁：《数字经济驱动城乡产业链深度融合的现状、机制与策略研究》，《中州学刊》2021年第9期。

殷浩栋、霍鹏、汪三贵：《农业农村数字化转型：现实表征、影响机理与推进策略》，《改革》2020年第12期。

余永定：《发展经济学的重构——评林毅夫〈新结构经济学〉》，

《经济学》（季刊）2013 年第 3 期。

于明哲、黄乃静、梁坤华：《互联网保险发展对农村居民健康的影响研究——来自中国家庭追踪调查的微观证据》，《中国软科学》2022 年第 7 期。

俞可平：《政治与政治学》，社会科学文献出版社，2003。

郁建兴、樊靓：《数字技术赋能社会治理及其限度——以杭州城市大脑为分析对象》，《经济社会体制比较》2022 年第 1 期。

袁志刚：《东西方文明下数字经济的垄断共性与分殊》，《探索与争鸣》2021 年第 2 期。

曾亿武、郭红东、金松青：《电子商务有益于农民增收吗？——来自江苏沭阳的证据》，《中国农村经济》2018 年第 2 期。

曾亿武、宋逸香、林夏珍、傅昌銮：《中国数字乡村建设若干问题刍议》，《中国农村经济》2021 年第 4 期。

曾亿武、孙文策、李丽莉等：《数字鸿沟新坐标：智慧城市建设对城乡收入差距的影响》，《中国农村观察》2022 年第 3 期。

张诚、刘旭：《农村人居环境数字化治理：作用机理、现实挑战与优化路径》，《现代经济探讨》2023 年第 5 期。

张成刚、陈雅茹、徐玥：《新就业形态劳动者的工资保障研究——以外卖骑手为例》，《中国劳动》2022 年第 4 期。

张宏伟：《公共文化服务数字化赋能的影响逻辑和发展面向》，《图书馆论坛》2024 年第 3 期。

张林、温涛：《数字普惠金融如何影响农村产业融合发展》，《中国农村经济》2022 年第 7 期。

张明、王喆、陈胤默：《全球数字经济发展指数报告（TIMG 2023）》，中国社会科学出版社，2023。

张培刚：《发展经济学往何处去——建立新型发展经济学刍议》，《经济研究》1989 年第 6 期。

张勋、万广华、张佳佳、何宗樾：《数字经济、普惠金融与包容性增长》，《经济研究》2019年第8期。

张勋、万广华、吴海涛：《缩小数字鸿沟：中国特色数字金融发展》，《中国社会科学》2021年第8期。

张岳、冯梦微、易福金：《多中心治理视角下农村环境数字治理的逻辑、困境与进路》，《农业经济问题》2024年第3期。

赵成伟、许竹青：《高质量发展视阈下数字乡村建设的机理、问题与策略》，《求是学刊》2021年第5期。

赵春江：《智慧农业发展现状及战略目标研究》，《智慧农业》2019年第1期。

赵春江：《发展智慧农业 建设数字乡村》，《农机科技推广》2020年第6期。

赵德起、丁义文：《数字化推动乡村振兴的机制、路径与对策》，《湖南科技大学学报》（社会科学版）2021年第6期。

赵晓峰、刘海颖：《数字乡村治理：理论溯源、发展机遇及其意外后果》，《学术界》2022年第7期。

中国社会科学院课题组、胡必亮、何德旭等：《我国国民经济信息化的发展现状与主要问题》，《经济研究参考》2007年第14期。

周新德、周杨：《数字经济赋能乡村产业振兴的机理、障碍与路径研究》，《粮食科技与经济》2021年第5期。

周然毅：《广电"村村通"建设：历史、现状和未来》，《现代传播》（中国传媒大学学报）2006年第5期。

朱秋博、白军飞、彭超等：《信息化提升了农业生产率吗?》，《中国农村经济》2019年第4期。

朱益平、金悦、樊丽珍：《我国公共数字文化服务政策主题变迁与文本量化研究》，《图书馆建设》2024年第1期。

庄巨忠编《亚洲的贫困、收入差距与包容性增长——度量、政策问题与国别研究》，本书编译组译，中国财政经济出版社，2012。

宗成峰、朱启臻：《"互联网+党建"引领乡村治理机制创新——基于新时代"枫桥经验"的探讨》，《西北农林科技大学学报》（社会科学版）2020 年第 5 期。

Accenture，Markle Foundation，and UNDP. Creating A Development Dynamic—Final Report of the Digital Opportunity Initiative. 2001.

Acemoglu D.，Restrepo P.."The Race Between Man and Machine：Implications of Technology for Growth，Factor Shares，and Employment" [J]. *American Economic Review*，2018，108（6）：1488-1542.

Adams R.，Kewell B.，Parry G.."Blockchain for good？Digital Ledger Technology and Sustainable Development Goals" [J]. *Handbook of Sustainability and Social Science Research*，2018：127-140.

Barefoot K.，Curtis D.，Jolliff W.，et al.."Defining and Measuring the Digital Economy" [J]. *US Department of Commerce.*

Bureau of Economic Analysis，Washington，DC，2018，15：210.

Bresnahan，Timothy F.& Trajtenberg，M.."General Purpose Technologies 'Engines of Growth'？" [J]. *Journal of Econometrics*，*Elsevier*，1995，65（1）：83-108.

Bukht R.，Heeks R.."Defining，Conceptualising and Measuring the Digital Economy" [J]. *Development Informatics working paper*，2017（68）.

Center for International Knowledge on Development. How Digital Platform Enterprises Contribute to Sustainable Development in Digital Economy —The Case of Alibaba Group. 2019.

FAO and ZJU. Digital Agriculture Report：Rural E－commerce Development Experience from China. https：//doi. org/10. 4060/cb4960en.

Gandhi V. P.，Mei F.."A Decision－oriented Market Information System for Forest and Agro-forest Products in India" [J]. *Iima Working*

Papers, 2002, 39 (11): 1246-1253.

Huang J.. "China's Rural Transformation and Policies: Past Experience and Future Directions" [J]. *Engineering*, 2022.

ITU. Measuring Digital Development: Facts and Figures 2022, https: //www. itu. int/itu-d/reports/statistics/facts-figures-2022/.

Katherine LoPiccalo, Impact of Broadband Penetration on U. S. Farm Productivity: A Panel Approach.

Telecommunications Policy, Volume 46, Issue 9, 2022.

Longmei, Zhang, and Chen Sally. "China's Digital Economy: Opportunities and Risks. " IMF Working Paper, WP/19/16.

M. Mabkhot M, Ferreira P. , Maffei A. , et al.. "Mapping Industry 4. 0 Enabling Technologies into United Nations Sustainability Development Goals" [J]. *Sustainability*, 2021, 13 (5): 2560.

OECD Report to G-20 Finance Ministers. Achieving Inclusive Growth in the Face of Digital Transformation and the Future of Work. 2018.

OECD, Summary Record: Global Forum on Agriculture 14-15 May 2018 Digital.

Salemink, Koen, Dirk Strijker, and Gary Bosworth. "Rural Development in the Digital Age: A Systematic Iiterature Review on Unequal ICT Availability, Adoption, and use in Rural Areas" [J]. *Journal of Rural Studies* 54 (2017): 360-371.

Steinmueller W. E.. "ICTs and the Possibilities for Leapfrogging by Developing Countries" [J]. *Int'l Lab*. Rev. , 2001, 140: 193.

Tapscott, D.. *The Digital Economy: Promise and Peril in the Age of Networked Intelligence*, McGraw-Hill, New York, NY, 1996.

Vinuesa R. , Azizpour H. , Leite I. , et al.. "The Role of Artificial Intelligence in Achieving the Sustainable Development Goals" [J]. *Nature*

Communications, 2020, 11（1）: 1-10.

World Bank Group. ICT and MDGs: A World Bank Group Perspective. 2003.

World Bank. ICT for Greater Development Impact: World Bank Group Strategy for Information and Communication Technology, 2012 - 2015. Washington, DC.

World Bank Group. World Development Report 2016: Digital dividends ［M］. World Bank Publications, 2016.

后　记

2021 年，我和我的团队以"数字经济在巩固脱贫成果、促进共同富裕中的作用研究"和"数字经济促进乡村振兴的理论阐释与经验研究"为题分别申报了中国社会科学院习近平新时代中国特色社会主义思想研究中心重点项目和北京市社科基金重点项目，并有幸获批立项。本书是上述两个项目的主要成果。

课题立项后，我们组建了由 8 位成员组成的课题组，除我本人之外，还包括中国社会科学院工业经济研究所产业组织研究室主任郭朝先研究员、中国社会科学院大学科研处赵燕副教授，社科大经济学院硕士研究生方澳、王钰雯、吕鹏、王明杰和社科大应用经济学院硕士研究生苗雨菲（本书出版之际，方澳、王钰雯和苗雨菲已为社科大应用经济学院博士研究生）。

2021 年 11 月，"数字经济促进乡村振兴的理论阐释与经验研究"项目在北京市社科联理论研究部王海腾老师和中国社会科学院大学科研处王炜处长的指导下举行了开题论证会。中国扶贫发展中心（2023 年 11 月后更名为中国乡村振兴发展中心）主任黄承伟研究员、中国社会科学院工业经济研究所国际产业研究室主任李晓华研究员、中国社会科学院农村发展研究所贫困与福祉研究室主任檀学文研究员、北京工业大学科技发展院副院长宋国恺教授、南京师范大学社会发展学院李浩昇副教授和中国社会科学院大学经济学院院长助理王微微副教授等六位专家从课题的研究意义、研究思路、研究内容、理论框架、研究方法和调研设计等方面提出了宝贵的改进意见和建议。在消化吸收专家组的意见建议的基础上，我们及时对课题框架、研究内容和方法进行调整和完善，进一步明确了课题组内部的任务分工和项目推进计划。

为获得更多实地调查经验和一手数据来支撑课题研究，我们于2023年6月分别赴湖南汨罗市和广西富川县进行了为期两周的调研。其中，汨罗市是湖南省首批数字乡村试点地区，富川县是广西首批脱贫出列的少数民族国定贫困县和首批国家数字乡村试点地区。在汨罗市委组织部和富川县乡村振兴局的大力支持下，课题组在汨罗市调研了5个镇下辖的7个行政村和社区，发放并回收了5个镇下辖58个行政村的调查问卷；在富川县调研了6个乡镇下辖的10个行政村，发放并回收了6个乡镇下辖73个行政村的调查问卷。此外，课题组还与两地各主要行政职能部门的负责人举行了座谈，围绕当地农业农村数字化转型的总体情况和特色做法进行了交流和研讨。赴两县调研的机会为我们近距离观察我国中、西部地区农业农村数字化转型进程及其所取得的成效和面临的挑战提供了难得的窗口。两地调研中获得的大量信息、资料和数据为我们的课题研究提供了宝贵的一手资料和丰富的案例素材。

在项目推进过程中，我们先后在《北京工业大学学报（社会科学版）》《经济与管理》《当代中国史研究》等学术期刊和《中国日报》等有影响力的报刊发表了课题的阶段性成果。在此基础上，为更加全面和系统地呈现课题组在数字经济与乡村振兴领域的研究成果，我们按照理论阐释—经验研究—政策评价的基本框架完成了这部著作。全书的写作框架和研究内容由刘艳红和郭朝先共同提出。其中，第1章由刘艳红撰写，第2章由刘艳红、方澳撰写，第3章由郭朝先、苗雨菲撰写，第4章由方澳、刘艳红撰写，第5章由王明杰撰写初稿，吕鹏和刘艳红修改完成，第6章由刘艳红撰写，第7章由王钰雯撰写，第8章由刘艳红、吕鹏撰写。全书由刘艳红统一修改定稿。

在本书撰写及付诸出版过程中，我们得到了许多部门的领导、专家、学者以及同仁的大力支持和帮助。除出席开题论证会的六位专家之外，西南财经大学的王军副教授为我们开展数字经济与农民增收共富的相关研究提供了原始数据。中国乡村振兴发展中心主任黄承伟研究员、北京师范大学经济与工商管理学院院长戚聿东教授分别为书稿提出了宝贵意见。汨罗市委组织部戴超文副部长、人才办公室龚智峰主任，富川县乡村振兴局尹宁局长、钟娣宣副局长为课题组开展调研提供了极大的便利和全方位的支持。最后，这项研究成果能够付诸出版，除了要感谢中国社会科学院大学文库的出版资助外，还得益于大学科研处蒋甫玉老师、李会老师、张红梅老师和李思琬老师的大力支持。本书的责任编辑、社会科学文献出版社陈颖老师为最大程度提升书稿的学术规范和质量付出了巨大的心血。在此，我谨代表本书的全体作者向以上领导、专家、同仁以及接受我们访谈的汨罗和富川两地的乡亲们致以最诚挚的谢意。

受课题组成员，特别是我本人能力所限，书稿难免存在疏漏偏差甚至错误之处，期望得到读者的批评指正（邮件联系方式：liu. yh@ cass. org. cn）。

中国社会科学院大学经济学院　刘艳红

2024 年 4 月 19 日

图书在版编目（CIP）数据

数字经济与乡村振兴 / 刘艳红等著 . -- 北京：社
会科学文献出版社，2024.5
（中国社会科学院大学文库）
ISBN 978-7-5228-3743-7

Ⅰ.①数… Ⅱ.①刘… Ⅲ.①信息经济-关系-农村
-社会主义建设-研究-中国 Ⅳ.①F49②F320.3

中国国家版本馆 CIP 数据核字（2024）第 110970 号

中国社会科学院大学文库
数字经济与乡村振兴

著　　者 / 刘艳红　郭朝先 等

出 版 人 / 冀祥德
责任编辑 / 陈　颖
责任印制 / 王京美

出　　版 / 社会科学文献出版社·皮书分社（010）59367127
　　　　　　地址：北京市北三环中路甲 29 号院华龙大厦　邮编：100029
　　　　　　网址：www.ssap.com.cn
发　　行 / 社会科学文献出版社（010）59367028
印　　装 / 三河市龙林印务有限公司

规　　格 / 开　本：787mm×1092mm　1/16
　　　　　　印　张：14.5　字　数：193 千字
版　　次 / 2024 年 5 月第 1 版　2024 年 5 月第 1 次印刷
书　　号 / ISBN 978-7-5228-3743-7
定　　价 / 98.00 元

读者服务电话：4008918866